전나무, 손수건, 그리고
작은 모자가 있는 숲

Robert Walsers Wälder by Robert Walsers
Herausgegeben von Sabine Eickenrodt & Erhard Schütz © Insel Verlag Berlin 2019

All rights reserved by and controlled through Insel Verlag Berlin.
Korean Translation © 2025 by Yolimwon Publishing Group The Korean language edition
is published by arrangement with INSEL VERLAG ANTON KIPPENBERG GMBH &
CO. KG through MOMO Agency, Seoul.

이 책의 한국어판 저작권은 모모 에이전시를 통해
INSEL VERLAG ANTON KIPPENBERG GMBH & CO. KG와 독점 계약한 열림원에 있습니다.
저작권법에 의해 한국 내에서 보호를 받는 저작물이므로 무단전재와 무단복제를 금합니다.

ROBERT WALSER

전나무, 손수건, 그리고 작은 모자가 있는 숲

WALD MIT TANNEN, TASCHENTÜCHERN UND HÜTCHEN

로베르트 발저 지음 자베네 아이켄로트, 에크하르트 자츠 엮음 박종대 옮김

아, 이곳 숲속은!
작은 섬과 묘지

차례

숲 1 : 9

숲에서 : 12

숲 : 14

산불 : 46

초록 : 53

숲 : 59

전나무 가지, 손수건, 그리고 작은 모자 : 62

작은 설경 : 65

야간 산행 : 69

풍경 1 : 72

산책 1 : 75

하이덴슈타인 : 80

숲 산 : 83

일요일 아침 : 87

숲에서 : 89

숲의 축제 1 : 92

디아즈의 숲 : 96

여기 작은 숲에서 : 99

전나무 한 그루 엄숙하게 서 있네 : 101

숲속은 : 103

피조물 : 105

호들러의 너도밤나무 숲 : 107

이제 나무들을 : 114

숲가의 객잔 : 116

사랑 같은 무언가가 숲을 가로질러 희미하게 빛난다 : 121

풍경을 바라보는 것은 : 123

숲 2 : 125

숲에서 책을 읽다 : 127

숲의 축제 2 : 130

숲에서 : 136

산책 2 : 137

숲 : 141

숲에서 : 145

엮은이 후기 : 148

출처 및 참고 문헌 : 166

숲 1

나는 이 숲에 들어왔고
지금은 이곳을 벗어날 수 없다.
평온은 끝났다.
나는 이 숲에 들어와
우두커니 바라본다. 숲이 참 아름답구나!
숲속에 햇살이 노릇노릇 걸려 있다.
내 안에서 감정과 감각이 일렁인다.
이 숲이 어떻게 이리도 아름다울까, 이리도?
지금 내게는 온 세상이 죽었다.
여기 말고는 숨 쉴 곳이 없기 때문이다.
감각의 간사함으로
지금 내게는 온 세상이 죽었다.
그러나 여기 숲속의 돌 하나하나, 줄기 하나하나는
더없이 사랑스럽다.
두 번 다시 너에게로 가지 않으리,
다른 세계의 사랑스러운 것들이여.

나는 이 숲과 사랑에 빠졌고,
내 심장은 수천 조각으로 산산이 부서져
이리저리 헤매다 모든 것에 황홀하게 매달린다.
모든 것과 사랑에 빠졌기 때문이다.
온 세상이 어찌도 이리 죽을 수 있을까!
어떤 느낌인지 말로 표현할 수 없다,
수줍어서. 그러나 감각의 간사함으로
여기 말고 세상은 죽었다.

1900년경

카를 발저Karl Walser,
〈풍경Landschaft〉(1987)

숲에서

숲의 흙은 양탄자처럼 푹신하고,
숲의 공기는 향유처럼 부드럽고,
숲의 목소리는 노래와 같고,
숲의 몸매는 꾸밈없고 늘씬한 나무 같다.
숲의 목소리는 사랑의 속삭임이다.
매일 아침 나는 숲이라는 집의
초록빛 수수께끼에 귀를 대고 엿듣는다.
매일 아침 나의 눈은, 사랑에 빠진 나의 눈은
숲의 말 없는 기적을 보고,
숲의 상처를 본다. 숲은 곧 죽는다.
나무줄기에서 붉은 피가 솟는다.
숲의 상처가 보인다. 숲은 곧 죽는다.

1900년경

카를 발저 Karl Walser,
⟨숲 Der Wald⟩(1902~03년경)

숲

 학창 시절, 두상이 큰 한 늙은 선생님이 있었다. 선생님은 인간 문명이 쇠퇴하면 상당히 짧은 시간 안에 중부 유럽이 하나의 큰 숲으로 변할 거라고 말씀하셨다. 숲의 성장을 방해하는 우리 인간만 없으면 숲이 지구의 지배자로서 온 세상을 금방 뒤덮으리라는 것이다. 그 말을 듣고 우리는 많은 생각을 하게 되었다. 도시와 건축물, 인간의 활동으로 침탈받지 않고, 도로로 끊기지 않고, 인간 문명의 무엇으로부터도 적대시되지 않은 숲으로만 이루어진 독일이라니! 이 생각은 더없이 신비로웠다. 꿈을 꾸는 우리 젊은이들은 끝없이 펼쳐진 장대한 숲의 세계로 가득 찬 세상을 상상의 나래로 그려보았지만, 가슴에 확 와 닿지는 않았다. 다만 한 가지는 확실했다. 늙은 선생님의 말씀이 우리의 상상력에 불을 지핀 것이다. 상상은 분수처럼 활기차게 샘솟았고, 꿈을 꾸고 춤을 추면서 이리저리 날아다녔으며, 힘들게 도달한 이미지를 다시 부수고, 지쳐서 중단된 곳에서 다시 계속 나아갔다. 우리의 상상력은 이제 시간이 날 때마다 할 일이 생겼다. 우리 중 똑똑한 친구들은 소멸하지도 뿌리 뽑히지도 않을 숲에 관한 온갖 유쾌하고 멋진 이미지를 만들어냈고, 자신들이 창조한 그 세계를 이상한 동식물로 가득 채웠으며, 그러다 그들의 판타지조차 너무 약한 것으로 드러나는 지점에 이르렀다. 그러면 다른 것이 왔다. 우리를 매혹하고 깊은 생각에 빠지게 하는 것들이. 숲은 물러났다. 실제 세상에서 숲이 물러나거나 물러났던 것처럼. 이제 우리를 흥분시킨 것은 시인이나 운동선수 들이었을 것이다. 뭐, 그랬다는 말이다. 숲의 신비로움은 무시되고 죽었다. 어설픈 메마른 이성이 숲의 신비로움을 빼앗아 갔다.

선생님들은 죽고 소년들은 자라지만, 숲은 그대로다. 숲은 인간에 비해 훨씬 조용하고 흔적 없이 자라기 때문이다. 게다가 그렇게 빨리 죽지도 않고, 순식간에 치솟듯이 성장하지도 않는다. 대신 세상의 공기를 더 오래 견디고, 더 강건하고, 더 지속적이고 더 멀리 뻗어 나간다. 설령 자랑스럽고 의젓한 높이에 도달하더라도 그렇게 빨리 스러지지 않는다. 대신 인간은 생각하는 존재다. 숲이 파멸하고 있는 것도 생각할 수 있다. 이렇듯 인간은 겉으론 생명 없고 둔감해 보이는 숲에 대해 숙고한다. 예를 들어 세상이 숲으로 가득하고, 숲이 전능한 지배력의 초록색을 띠고, 인간 삶에 중요한 마법을 행사함으로써 인간 행위와 감정에 깊이 스며들고 개입하는 것을 경이롭게 여긴다. 인간은 그렇게 골똘히 생각하는 사색가다. 인간이라는 존재는. 특히 사랑스러운 것들에 대해선 각별한 에너지로 골똘히 생각한다. 자, 이제 내가 그것을 시도해보겠다!

우리나라는 일렁이는 숲으로 가득하다. 강과 호수, 산줄기와 연을 맺은 숲은 우리에게 소중한 고향을 제공한다. 지역마다 다양한 숲이 있다. 어떤 숲은 기억에 남는 아주 독특한 모습을 하고 있다. 가끔, 아니, 무척 자주, 온갖 종류의 자잘한 숲이 모여 하나의 거대한 숲을 이룬다. 그 자체로 엄청나게 큰 숲은 우리나라에 없다. 그러기엔 방해 요소가 너무 많다. 그중 매혹적인 방해 요소가 강이다. 그보다 더 거친 야성적인 방해 요소는 협곡이다. 그러나 이 모든 것은 결국 다시 연결되지 않을까? 방해 요소들은 전체를 살짝 해칠 뿐 아름답고 일렁이고 소용돌이치는 전체를 앗아가지 않는다. 그러기에 전체는 방해 요소들에 비해 너무 우월하다. 이렇게 해서 숲은 넓고 살갑고 관능적인 전체로서 우리의 땅을 지배한다. 숲 없는 평야는 거의 없다. 숲과 이어지지 않는 호수도 마찬가지로 드물고, 숲의 기쁨으로 봉우리를 장식하지 않은 산도 낯설어 보인다. 물론 높은 산이 시작되는 곳에선 당연히 숲도 길을 멈춘다. 바위가 있는 곳에서는 숲이 죽는다. 더 깊고 더 따뜻하고 더 넓었다면 숲이 되었을 것이 바로 바위다. 바위는 짓눌려서 죽은 숲이다. 숲은 무척이나 사랑스럽고 매력적인 생명이다! 바위는 그렇게 유연하고 매혹적인 숲을 잡아먹고 싶어 한다. 바위는 뻣뻣하게 굳어 있지만, 숲은 살아 있다. 숲은 숨 쉬고, 빨아들이고, 흐른다. 숲은 깊이 흐르는 호수이자, 안도의 한숨을 내쉬며 흐르는 강이다. 숲은 실체다. 전체를 이루는 요소보다는 실체에 한층 가깝다. 너무 부드러워 요소가 될 수 없기 때문이다. 그렇다, 숲은 부드럽다! 부드러운 것은 단단해질 수 있다. 원래 단단했던 것이 단단해질 수 있을까? 안 될 말이다. 선한 것만이, 그것도 지극히 선한 것만이 악해질 수 있듯이, 부드러운 것만이 단단해질 수 있다. 부드러운 것에는 원래 단단한 것이 접근하면 단단해지는 속성이 있기 때문이다. 내 말은, 우리의 숲이 이런 식으로 죽어가고, 변형되고, 바위가 되고, 고산지대나 척박한 땅의 숲으로 바뀌게 된다는 것이다. 드넓은 숲은 대체로 깊고 차분하게 숨 쉬고, 건강한 단잠을 즐기고, 깊은 수면에 빠진다. 숲은 잠을 잔다. 잠자는 모습이 얼마나 아름다운지! 숲의 호흡은 따스하고 향기롭고, 아픈 이들을 치유하고, 지친 사람들에게 생기를 불어넣는다. 또한 내뿜는 숨도 어찌나 풍부한지, 훌륭한 숲의 숨결을 음미하고 즐기는 존재가 없더라도 쉼 없이 흘러나와 주위를 가득 채운다. 숲은 멋진 곳이다. 그런 숲이 우리 땅에 가득한 것도 정말 멋진 일이다! 숲이 없다면 그게 우리의 고향일까? 분명 우리 눈앞에 펼쳐져 있고, 측정되고, 경계가 있는 땅일지라도 숲이 없다면 살아 있다고 할 수 있을까? 우리가 지금 숲이 가득한 곳에서 살고 있는 것처럼 예전에도 그런 곳에서 살았을까? 숲은 고향의 이미지이다. 숲은 땅이고 땅은 고향이다.

아무리 큰 도시라도 우리의 도시들은 숲과 맞닿아 있다. 더구나 숲으로 완전히 빽빽하게 둘러싸인 작은 도

시도 있다. 넓고 아름다운 국도치고 큰 숲을 관통하지 않는 도로가 있던가? 몇 시간 탁 트인 풍경 속을 달리다 어느 순간 그늘지고 울창한 숲으로 빨려 들어가지 않는 도로가 있던가? 물론 그런 길도 더러 있겠지만, 이런 길들도 항상 최소한 숲이 점점 가까워지고 있음을 예고하거나, 아니면 그 또한 고마운 일인데, 인근 숲을 눈의 피로를 풀어줄 상큼한 풍경으로 보여준다. 가장 아름다운 것은 적당히 높으면서도 넓은 산등성이에 펼쳐진 숲이다. 이런 숲은 대부분 시원하고 치료 효과가 있는 놀라운 아로마를 내뿜는 전나무 숲이다. 너도밤나무 숲은 그보다 드물지만, 별로 높지 않은 작은 언덕에 이 나무들로 완전히 뒤덮인 숲이 더러 있다. 봄철 너도밤나무 숲의 그 달콤한 모습을 떠올려보라. 아마 대부분의 독자가 그 매력에 공감할 것이다.

떡갈나무는 또 얼마나 멋지고, 떡갈나무로 온통 뒤덮인 숲은 또 얼마나 황홀한가! 떡갈나무 숲은 아마 우리

나라에서 가장 드문 숲일 것이다. 한 그루, 한 그루의 자태부터 이미 장대하고 위엄이 넘치는데, 그런 것들이 한데 가득 모여 있으니 그 얼마나 우람하고 압도적일까! 그것은 숲이라기보다 포효하고 물보라 치고 바람에 일렁이는 호수 같다. 우리 숲의 대부분은 고요하고 푸르른 호수 바로 가장자리까지 무척 거칠고 사납게 질주한다. 호숫가 떡갈나무는 놀랍도록 아름답다. 평온한 날씨에서는 더없이 사랑스럽고 꿈꾸듯이 유혹적이지만, 폭풍우 일 때는 웅장하고 무섭다. 숲이 스산하게 느껴질 때는 무척 드물다. 숲에서 슬픈 인상을 받으려면 우리 영혼이 먼저 우울한 기분에 젖어야 한다. 쉬지 않고 내리는 비조차 결코 숲을 스산하게 만들지 않는다. 만일 그리된다면 세상 만물이 스산해진다.

아, 저녁의 숲은 또 얼마나 경이로운지! 숲속 초원과 나무의 진녹색 물결 위로 진홍색 구름이 떠 있고, 파란 하늘은 또 얼마나 신묘한 깊이를 드러내는지! 이를 보거나 마주하는 사람에게 꿈이 펼쳐지는 건 이미 예정된 일이다. 그러면 그에게 이보다 더 아름다운 것은 없다. 저녁 숲이 그의 감각을 너무나 아름답게 활짝 열어 주기 때문이다. 그는 무언가에 완전히 사로잡힌 채, 자신이 본다기보다는 지극히 아름다운 것이 자신을 보고 있다는 감정에 빠진다. 보는 관점이 완전히 뒤바뀐 느낌이다. 그러나 뭐니 뭐니 해도 가장 멋진 것은 해 뜨기 전의 새벽 숲이다. 주변은 아직 모든 것이 밤이고, 하늘 가장자리에 실낱같이 희미하고 창백한 빛만, 실제로는 빛이 아니라 지치고 죽은 어둠의 잔해만 살짝 비칠 때의 숲 말이다. 이 시각의 숲은 소리도 숨도 의미도 없는 언어로 말을 한다. 모든 것이 이해 저편의 세계다. 달콤하면서도 차가운.

계절적으로 숲이 가장 아름다운 시기는 당연히 여름이다. 어느 것 하나 부족함 없이 화려함의 극치를 보여주기 때문이다. 가을은 짧지만 이루 말할 수 없을 만큼 마지막 매력을 숲에 선사한다. 마지막으로 겨울은 숲에 분명 호의적이지 않아 보이지만, 겨울 숲도 여전히 아름답다. 사실 자연에 아름답지 않은 것이 있을까? 자연을 사랑하는 사람들은 이 물음에 싱긋 미소를 짓는다. 그런 이들에게 사계절은 똑같이 사랑스럽고 소중하다. 모든 계절에 인간을 유혹하는 저마다의 매력이 있기 때문이다. 겨울에 부드러운 눈을 한가득 품은 크고 늘씬한 전나무 숲은 얼마나 장관인가! 마찬가지로 온통 눈으로 덮인 땅 위에 길고 부드럽게 가지를 늘어뜨린 전나무 숲은 얼마나 환상적인가!

 필자는 겨울의 전나무 숲을 자주 걸었고, 그럴 때면 아름다운 여름 숲을 쉽게 잊곤 했다. 원래 그런 법이다. 인간은 자연의 모든 것을 사랑하든지, 아니면 자연의 무언가를 싫어하거나 그 가치를 인정하지 않든지, 둘 중 하나다. 물론 가장 빠르고 선명하게 기억에 남는 것은 역시 여름 숲이다. 이건 이상한 일이 아니다. 색채는 형태보다 더 쉽게 우리 가슴에 각인되고, 초록은 회색이나 흰색 같은 단조로운 색보다 더 잘 새겨진다. 여름 숲은 단 하나의 짙고 생기발랄한 색으로 이루어져 있다. 모든 것이 초록이고 사방이 초록이다. 초록이 지배하고 명령을 내리고, 저마다 나서고 싶어 하는 다른 색들을 누르며 자신과의 관계 속에서만 드러나게 한다. 모든 형태 위에 초록이 반짝반짝 빛남으로써 형태는 사라지고 희미해진다! 여름에는 형태가 더는 주목을 끌지 못하고, 우리 눈에는 오직 곳곳에 흐르는 하나의 사려 깊은 색깔만 보인다. 세상은 이제 그 색채의 외양과 성격을 띤다. 세상은 정말 그래 보인다. 우리의 아름다운 청춘기에 세상은 그렇게 보였고, 우리는 다른 어떤 시기도 알지 못하기에 세상이 그렇다고 믿었다. 대부분의 사람은 자신의 청춘 시절을 얼마나 행복하게 떠올리는가! 그들에게 청춘은 초록의 빛깔로 손짓한다. 대개 숲에서 가장 귀하고 흥미로운 시간을 보냈기 때문이다. 그러다 우리는 성장했고, 숲도 나이를 먹었다. 그러나 중요한 건 모두 그대로 남아 있지 않을까? 청춘기에 악동이었던 사람은 평생 악동의 기질과 표식을 달고 다니고, 당시 이미 야심가나 겁쟁이였던 사람은 지금도 그럴 것이다. 그러나 이 사람이든 저 사람이든 전능한 여름 숲의 초록은 잊지 못한다. 살아 있고 노력하고 성장하는 모든 사람에게 초록은 평생 잊히지 않는다. 그토록 사랑스럽고 다정한 것이 잊히지 않는다는 것은 또 얼마나 아름다운가! 아버지와 어머니, 형제자매, 매질, 쓰다듬음, 버릇없는 행동, 이 모든 것이 우리 가슴속에 친밀한 초록색으로 휘감겨 있다!

지금껏 얼마나 많은 이국의 방랑자들이 노래하고 휘파람을 불고 하모니카를 연주하며 우리의 숲을 지나갔을까! 그들 앞에는 어쩌면 크고 무거운 달구지가 한 대지나가고 있었을지 모른다. 그러면 그들은 너무 느리게 가는 달구지를 곧 추월했을 것이다. 그다음엔 우유를 실은 수레와 마주치고, 나중엔 귀부인과 신사들을 만났을지 모른다. 아마 노르웨이 사람이었을 이국의 방랑자들은 가볍고 다정하게 인사를 건네고, 상대의 답례도 받았을 것이다. 건장하고 잘생긴 청년들이었기 때문이다. 커다란 숲을 가로지르는 시골길에서는 얼마나 많은 일이 일어났을까! 얼마나 많은 경찰이 울창한 덤불 사이에서 눈을 부릅뜨고 부랑자 한 명을 찾았지만, 헛수고로 끝나고 말았을까!

숲은 자유를 사랑하고, 자유와 자유라고 불리는 것들은 모두 숲을 사랑한다. 과거에 우리의 전사들은 명예와 부를 손에 넣지 않으면 돌아오지 않겠다는 각오로 숲을 지나갔을 것이다. 숲은 어떤 자유롭고 분방한 행동도 지켜주기에 사실 악행도 쉽게 일어난다. 그러나 인간들이 숲에서 저지르는 나쁜 짓이 숲의 잘못일까?

숲은 우리를 악의적이고 음습한 행위로 이끌기보다 천진난만한 즐거움으로 유혹하는 힘이 훨씬 더 크다. 잊어서는 안 되는 사실이다.

대다수 나무가 헐벗고 찬바람이 앙상한 가지를 휘감는 겨울이 오면 우리는 숲이 본래 무엇이고, 무엇을 말하려고 하는지, 무엇에 바탕을 두고 있는지 아주 뚜렷이 느낀다. 여름이면 색채와 형태의 소란 속에서 우리는 우리 자신과 심지어 우리가 거닐고 있는 숲조차 잊어버린다! 우리는 마냥 즐길 뿐이다. 즐기면 관찰이 어렵다. 온 감각이 즐기는 데만 힘을 쏟기 때문이다. 숲은 무엇인가? 그건 누구나 안다! 그럼 숲을 아름답게 만드는 것은 무엇인가? 사실 그건 누구도 뭐라 답변하기 어렵다. 그럼에도 다들 말한다. 숲은 아름답다고, 마음에 들고 온갖 시름을 잊게 만든다고. 또한, 너무나 사랑스러운 것을 보면서 그 사랑스러움의 이유가 무엇이냐고 따져 묻지 않듯이 지극히 아름다운 것을 보면서 그 근거를 따지고 싶지 않다고!

 숲은 우리의 감각을 일깨울 뿐, 오성을 일깨우지 않는다. 뭔가 재고 계산하는 마음은 결단코 일깨우지 않는다는 말이다. 다만 아름답고 지혜로운 방식으로는 계산할 수 있다. 물론 이런 계산 역시 다른 한편으론 느끼고 감지하는 것일 뿐이다. 숲이 왜 이리 뇌쇄적일 만큼 아름다운지는 모두가 가슴으로 희미하게 느낄 뿐, 누구도 거창하고 정밀한 언어로 표현하고 싶어 하지 않는다. 특히 섬세한 감각의 소유자라면 말이다. 우리가 거닐던 숲은 뭐라 딱히 이름 붙일 수는 없지만 숭고함과 성스러움의 감정을 우리 가슴에 남기고, 그 감정은 우리에게 침묵하라고 명한다. "숲에서 좋았어?" 하고 물으면 우린 그저 "응, 좋았어." 하고 답한다. 더 이상 할 말은 없다. 그게 전부다.

 괴로운 사람은 숲을 즐겨 찾는다. 그들에게는 숲이

마치 자신과 함께 괴로워하고 침묵하는 것처럼 느껴지고, 다른 한편으론 그런 고통 속에서도 침착함과 당당함을 유지하는 법을 아는 것처럼 보인다. 숲은 너무 괴로워 자신을 찾은 사람을, 고통에 휘둘리지 않고 고통을 자랑스러워하는 태도로 안아준다. 그러면 그는 숲에서 안식을 배우고, 그것을 자신의 시름에 적용한다. 고통은 고함을 지르고 미친 듯이 날뛰고 싶어 한다. 숲은 고통받는 자들에게 하나의 본보기이자 교훈이다. 그들이 숲을 또 다른 고통받는 존재로 느낄 수만 있다면 말이다. 이건 어려운 일이 아니다. 왜냐하면 우리가 알기론, 침묵 속에서 색채와 움직임만 보여주는 것들은 고통을 머금고 있기 때문이다. 당당하고 자유로운 것은 모두 고통을 겪는다. 우리 자신에게 하는 말이다. 느끼는 것, 그것도 생생하게 느끼는 것은 고통스러워할 수밖에 없다! 숲은 느낀다. 숲속엔 섬세하고 깊은 감각이 내재해 있다. 숲은 당당해 보인다. 말을 할 때만 다정하고 유쾌하다.

고통받는 이는 원망스러운 현실에 대한 한탄으로 자신과 타인을 괴롭히고, 쓸데없는 슬픔의 예감으로 삶을 가득 채우는 것이 얼마나 추한 일인지 숲으로부터 배운다. 그러면 고통받는 이에게 숲은 아주 편안해진다. 그는 바람 소리가 잔잔히 흐르는, 부드럽고 다정한 세계에 둘러싸여 있음을 느끼고, 자신의 이기적이고 못난 신세 한탄에 대해 용서를 빌고, 이제 자신의 고통과 함께 미소 지을 줄 안다. 깊은 고통일수록 미소는 더 깊어지고 더 의미 있어지고 더 부드러워진다. 모욕과 환멸, 삭막함이 모두 사라진 여기서는 편안히 죽을 수도 있을 것 같은 생각이 든다. 달콤하기 그지없는 망각의 환희가 그를 포옹하고, 그와 함께 미소 짓고, 한층 더 깊고 기품 있는 미소를 가르쳐준다! 그는 배운 것을 시도해본다. 미소는 거의 저절로 지어진다. 입술보다는 가슴에서 우러나오는 미소다. 그는 갑자기 자신의 고통과 놀랍도록 아름답게 조화를 이루는 행복을 느낀다. 이 행복감이 그의 고통에 입 맞추고, 그는 혼잣말처럼 중얼거린다. "거봐, 고통은 행복이야. 난 숲에서 그걸 배웠어. 이 사랑스럽고, 또 사랑스러운 숲에서!"

숲은 고통받는 이들과 함께 고통스러워한다. 고통받는 이들은 누구나 그렇게 믿길 좋아하고, 숲이 그런 믿음을 배신하지 않을 거라고 생각한다. 숲에서는 진실하고 솔직한 고백이 고통스럽게 흐른다. 그 시간이 지나면 고통스러워하던 이에게 아름다운 감정이 찾아온다. 어쩌면 지금껏 그가 품었던 감정 중에서 가장 아름답고 깊은 감정일지 모른다. 이런 느낌이다. 숲이 흐른다. 숲이 깊고 푸르게 흘러가고 달아난다. 나뭇가지는 숲의 물결이고, 푸른 빛은 사랑스러운 촉촉한 물이다. 나는 죽어 그 물과 함께, 그 물결과 함께 달아난다. 나는 이제 물결이고, 물이고, 강이고, 숲이다. 숲 그 자체다. 나는 모든 것이다. 내가 될 수 있고 이룰 수 있는 모든 것이다. 이제 내 행복은 크다. 행복과 고통은 더할 나위 없이 가까운 친구다. 이제 나는 고통 때문에 다시는 원망하거나 화내지 않을 것이다. 그때그때 나를 사로잡는 기분은 얼마든지 쉽게 피할 수 있다. 진실로 괴로워하는 사람은 화를 내지 않는다. 숲만이 진실로 괴로워하는 법을 내게 가르쳐준다.

소년과 여가수! 여가수가 소년에게 물었다. "숲을 좋아해?"

소년이 대답했다. "나는 숲에 자주 가요. 숲은 산에 있어요. 처음에는 풀밭이 나오고, 풀밭에는 드문드문 나무가 서 있어요. 거기도 전에는 숲이었을 거예요. 사실 옛날에는 세상 모든 것이 숲이었어요. 나는 그걸 생생하게 느끼고 봐요. 그런데 숲으로 가지만, 숲은 나를 원하지 않고 자꾸 도망쳐요. 숲은 왜 날 사랑하지 않을까요? 나는 숲을, 숲을 정말 너무 사랑하는데. 나는 숲속 깊숙이 들어가고 싶고, 숲을 갖고 싶고, 숲이 있는 그대로의 나를 가졌으면 좋겠는데. 하지만 숲은 나를 밀쳐내요. 나도 그걸 알아요. 그래서 더는 숲으로 들어갈 수 없어요. 너무 무서워요. 왜 무서울까요? 숲은 나를 왜 쫓아내는 걸까요? 나는 숲을 너무 갈망하고 그리워하는데. 왜 그럴까요? 숲은 왜 나를 오게 해놓고 다시 쫓아내는 걸까요? 왜? 무엇 때문에? 숲은 내가 도착하면 나를 때려요. 아프게요. 그래서 숲에 잘 가지 않아요. 하지만 가지 못하는 게 더 가슴 아파요. 나는 항상 숲이 나를 사랑한다고 생각했어요. 나를 밀쳐내도 속으로는 나를 사랑하고 있다고 생각했어요. 하지만 착각이었어요. 나는 다시 숲으로 가지만, 숲은 다시 채찍을 내려치며 나를 쫓아내요. 그러면 나는 다시 산 아래로 뛰어가요. 해 뜨기 전인 새벽에는 숲이 다정할 거라고 생각했지만, 그렇지 않았어요. 숲은 더 화를 냈어요. 숲에 대한 그리움이 점점 커져가요. 정말 죽을 것 같아요. 그리움이 너무 커져서 나보다 더 힘이 세지면 난 죽을 수도 있어요! 난 그것을 바라지 않지만, 그렇게 되길 원하기도 해요. 하지만 그보다 훨씬 더 바라는 건 숲에 다가가는 거예요. 아양을 떠는 나를 계속 쫓아내는 나쁜 숲이지만 말이에요. 숲이 아무리 모질고 무자비해도 나는 숲을 너무 사랑해요!

한번은 밤중이었어요. 숲은 자고 있었어요. 나는 숲으로 들어갔고, 나도 모르게 너무 기뻐 노래를 불렀어요! 그러자 숲이 잠에서 깨어나 나뭇가지로 나를 무섭게 때렸어요. 그때부터 나는 숲 밖에만 서 있었어요. 내가 멀리서 숲을 바라보면 숲은 나를 매섭게 노려보았어요. 내가 뭘 그리 잘못했나요? 숲은 나한테 뭘 보는 걸까요? 나는 숲에 대한 사랑으로 죽을 거예요. 이제는 더 이상 숲을 보고 싶지 않아요. 다시는 가지 않을 거예요. 두 번 다시 숲에 가지 못하면 나는 죽을 수밖에 없어요. 어쩌면 나중에는 숲에, 숲속에 함께 있게 될지 몰라요. 난 그렇게 믿어요. 그 순간이 정말 너무 기다려져요! 이제는 그리움 같은 건 거의 없어요. 그런 게 왜 아직 남아 있겠어요? 더는 원망하고 싶지도 않아요."

소년의 눈에 눈물이 그렁그렁했다. 함께 울던 여가수는 불행한 소년의 얼굴을 부드럽게 품에 안으며 아름다운 두 손으로 꼭 끌어안았다. 그녀의 손 위에 눈물이 떨어졌다. 소년도 여가수의 품을 파고들며 울었다. 곧이어 다정한 여가수가 고개를 숙여 소년에게 입을 맞추었다. 소년의 얼굴을 양손으로 감싸안으며.

숲은 시적인가? 그렇다, 숲은 시적이다. 물론 세상의 다른 모든 살아 있는 것보다 더 시적이지는 않다. 숲은 특별히 시적인 것이 아니라 그저 특별히 아름다울 뿐이다! 숲은 시인들이 즐겨 찾는다. 숲속은 고요한 데다 그늘에 앉아 있으면 근사한 시구가 떠오르기 때문이다. 숲은 시에 자주 등장한다. 그런 까닭에 평소 시와 상관

없는 무미건조한 사람들조차 숲을 뭔가 시적인 분위기가 넘쳐나는 곳으로 존중하고 숭배해야 한다고 생각한다. 하지만 다른 한편으로 숲은 무심하고 무덤덤하다. 지상의 어떤 것도 특별히 시적 가치가 있는 것은 없다. 다만 어느 것을 다른 것보다 더 사랑하고, 딱히 진지한 고려 없이 어떤 것을 마음속으로 다른 것보다 더 선호할 뿐이다. 시인들이 숲을 사랑하는 것은 분명하다. 그건 화가도 마찬가지다. 게다가 착하고 성실한 이들과 특히 연인들도 숲을 사랑한다! 우리는 숲을 그 자체로 사랑하지, 숲의 시적인 면을 사랑하는 것이 아니다. 말해보라, 숲의 어느 지점, 어느 귀퉁이에 그런 시적인 면이 있는지. 어디에도 없다. 그걸 찾는 건 어리석다. 처음부터 아름다운 것은 없다. 각자 직접 숲으로 가서, 숲을 귀하고 아름다운 것으로 느끼는 법을 배워야 한다. 밝고 명랑한 시가 머리에 가득한 사람이 숲에 들면, 그러니까 아름다운 세계에 들면 우아한 노트에 뭔가를 적어넣을 수 있지만, 어리석고 무감각한 바보의 머리로 숲에 들면 달콤하고 쾌적한 것을 지나치고 만다. 감각으로 무장한 채 감각을 과감히 열어젖히는 것이야말로 아름다운 숲의 노래를 쓰고, 멋진 숲의 그림을 그리는 토대라고 할 수 있다.

나는 이제 짧은 이야기를 하려 한다. 사람들이 찬탄해 마지않는 예술가와 시인 들에 관한 이야기다. 옛날에 젊은 화가 둘이 세상을 떠돌기 시작했다. 스케치북에 그림을 잔뜩 채워서 돌아와 자신들이 얼마나 부지런한 인간인지 보여줄 생각이었다. "자, 다 왔어!" 어느 날 저녁 두 사람은 아름다운 숲에 이르렀다. 둘 중 한 명이, 그러니까 좀 더 똑똑한 친구가 숲 가장자리에서 걸음을 멈추고는 감동받은 표정으로 가만히 서서 아름다운 숲의 전경에 감탄했다. 반면에 느끼기보다는 그 시간에 부지런히 창작해서 이름을 얻고자 하던 다른 한 명은 숲의 어둠 한가운데로 풀쩍 뛰어들었다. 음미하기 위해서가 아니라 숲을 연구하기 위해서다. 그러나 뜻대로 되지 않았다. 어둠을 정면으로 바라보는 순간 자신이 어둠에 잡아먹혀 아무것도 볼 수도 발견할 수도 없었기 때문이다. 당연한 일이었다. 어둠 속에서는 어둠 말고는 알아볼 수 있는 것이 없었다. 결국 청년은 어둠 속에서 아무것도 건지지 못한 채 가만히 서 있었다. 멋쩍은 패배였다! 그가 바보 같은 표정으로 숲에서 다시 나왔을 때 똑똑한 화가는 웃음을 터뜨렸을 뿐 아니라 벌써 이 숲을 단순명료하게 포착한 탁월한 작품을 만들어놓고 있었다. 그 경박한 고집쟁이 친구는 상당히 화가 났고, 자신이 놓친 아름다운 작품에 대한 질투심으로 울음을 터뜨렸다. 아마 지금도 여전히 울고 있을지 모른다. 그런 눈물은 쉽게 마르지 않기 때문이다. 이게 이야기의 전부이지만, 시사하는 바가 없진 않을 듯하다.

독자가 허락한다면 이제 나는 어느 방으로 여러분을 안내하겠다. 램프가 켜져 있고 커튼이 쳐진 방의 작은 원형 탁자에 세 젊은이가 둘러앉아 있다. 청년 둘과 처자 하나다. 둘 중 쾌활한 청년은 처자 옆에 바짝 붙어 앉아 있다. 그의 연인처럼 보이고 실제로 연인이기도 하다. 다른 청년은 두 사람 맞은편에서 혼자 담배를 피우며 생각에 잠겨 있다. 예쁘장하고 활달한 처자는 총기 있어 보이는 자신의 작은 얼굴을 꿈꾸듯 연인의 가슴에 기댄다. 그러고는 천천히 입을 연다.

"숲속이 얼마나 황홀한지 몰라. 춤을 추듯 반짝거리는 숲의 초록이 아직도 눈에 남아 있는 느낌이야. 도저히 떨쳐버릴 수가 없어. 초록은 정말 위엄이 넘치고 잊을 수 없는 색이야. 숲은 왜 초록일까? 숲은 왜 있을까? 모든 게 살랑거리는 숲이 되어야 해, 온 세상이, 온 공간이, 이 세상 가장 높고 깊고 먼 곳도 다 숲이 되어야 해. 아니면……." 이 대목에서 처녀는 낭랑한 목소리를 낮춘다. "그냥 없어지든지!"

이제 처자는 침묵하고, 쾌활한 청년은 흥분한 처자를 진정시키려 한다. 그러나 충분히 달래지지 않는다. 자기 생각에 푹 빠져 있던 처자가 어느 순간 다시 입을 연다.

"반드시 그래야만 해! 그러면 안 될 이유가 있을까? 왜 세상엔 꼭 여러 가지가 있어야 하지? 모든 게 하나가 될 수는 없어?"

지금껏 생각에 잠겨 있던 맞은편 청년이 갑자기 말한다. "그래, 하나의 강."

"무슨 소리야? 말해봐, 말해보라고." 처자가 호기심 어린 눈빛으로 간청한다. "무슨 뜻이야? 말해봐!"

과묵한 청년이 말한다. "내 말은 겉으론 그래 보이지 않고, 보일 필요도 없지만 사실 모든 게 하나의 강이라는 거지. 끊임없이 흘러가고 영원히 돌아오는 강 말이야. 그러면서도 결코 같은 모습으로는 돌아오지 않는 강! 그럼, 숲은 뭐지? 숲은 평지 위를 길게 뻗어나가다가 산을 오르고 강을 넘고, 다시 산을 내려와 골짜기를 가득 채워. 그런 숲에 만물의 지배권이 있지 않을까? 숲은 푸른 호수 속으로 깊이 들어가고, 구름과 노닐고, 공기를 사랑하고, 인간을 피해 달아나. 사람의 행렬과 호흡을 견디지 못하는 거지. 우리 인간은 생각이라는 걸 해. 하지만 자유롭게 떠도는 것은 생각을 싫어하고 경멸해. 그러다 숲은 다시 우리와 가까워지고, 우리는 숲을 사랑하게 돼. 그리고 숲이 호수 수면에 자기 모습을 드리우고, 하늘과 노닐고, 바다와 폭풍, 소용돌이, 강이 되어가는 것을 지켜봐. 그러면 우리 자신도 그렇게 무언가 계속 흘러가는 것이 돼. 지금도 우리는 흘러가고 있어. 우리 가슴속에 더는 정지된 것은 없어. 이제 우리는 갑자기 사랑하게 돼. 그건 모든 것을 안에서부터 뒤집어엎어 무너뜨린 다음 다시 새롭게 쌓아 올리는 사랑이야. 우리는 세계의 건축가가 되고, 숲을 미래 건축물의 본보기로 삼아. 그건 산의 숲처럼 위엄 있고 당당하게 서 있어야 해. 하지만 숲은 결국 무너져. 거대한 것에 치여 쓰러질 수밖에 없는 작디작은 것이거든. 저기 숲이 누워 있어. 아름답고 또 아름답게 누워 있어. 그렇게 숲은 죽어가, 안녕, 잘 자!"

청년은 말을 멈추고 눈물을 흘린다. 처자가 테이블 위로 가느다란 손을 떨면서 내민다. 그는 처자의 손에 뜨겁게 입을 맞춘다. 처자는 그것을 말리려 하지 않는 쾌활한 청년을 동그랗게 뜬 눈으로 이상하게 바라본다.

나는 내가 지금까지 쓴 글들을 곰곰이 생각해보면서 아직 본질적인 결론에는 이르지 못했고, 여전히 많은 부분이 빠져 있으며, 더 적은 말로 더 많은 것을 말했어야 했다는 생각이 든다. 그런 느낌이 나를 괴롭힌다. 솔직히, 나를 괴롭히는 대상이 그렇게 아름다운 것이 아니라면 나는 그 성가신 일에서 매몰차게 등을 돌렸을 것이다. 뭔가 아름다운 것에 대해 정확하고 분명하게 쓰는 일은 어렵다. 나의 생각은 어떤 목표와 확고한 지점도 없이 이리저리 헤매는 나비처럼 아름다운 것 주변을 날아다닌다. 나는 다 쏟아붓고 싶지만, 글쓰기 작업에서는 끊임없는 절제가 필요하다는 사실을 이미 알고 있다.

나는 숲이 힘차게 뻗어나가는 걸 보고 싶었다. 숲이 거인처럼 팔다리를 쭉 펴서 한껏 확장하다가 부드럽게 마무리하면서 원래 우리가 알고 귀히 여기는 사랑스럽고 소박한 모습으로 돌아오는 지점까지 추적하고 싶었다. 그 과정에서 숲은 훨훨 날아갔고, 때로는 크고 위압적인 모습으로, 때로는 작고 아늑한 모습으로 나타났으며, 명령하는 대신 깜박깜박 꺼지는 불꽃처럼 그저 명맥만 유지하다가 더는 아무것도 하지 않았다. 강력한 힘으로 만물의 형태를 바꾸는 야성적인 존재로서의 숲을 보고자 했던 나로서는 실망스러운 일이었다. 숲은 이제 다시 소박한 숲으로 돌아왔다. 오솔길이 있고, 시냇물이 흐르고, 덤불과 갖가지 속삭임, 거미줄, 동물들, 아이들이 떠드는 소리, 그리고 숲을 산책하는 신사 숙녀들의 웃음소리로 가득한 곳 말이다. 숲은 부드럽고, 인내심이 강하고, 사람들에게 상냥하다. 또한 매우 조용한 친구다. 색깔은 거만한 인상을 풍길 정도로 자신감이 넘치지만, 숲 자체는 오만과는 거리가 멀다.

공상가들은 때로 숲의 이미지를 왜곡하길 좋아한다. 나중에 그것을 자신의 상상에 맞게 사랑스러운 모습으로 다시 짜맞추기 위해서다. 아, 공상가는 대체 어떤 인간인가! 그들의 눈엔 모든 것이 즉각 다르고 거칠게 보인다. 게다가 오직 일탈했다는 만족감을 얻으려고 일탈하는 것처럼 보인다. 나는 그들을 좋아하지 않는다. 내 안에서 혹시 그런 속성을 발견하면 더더욱 끔찍해한다. 심지어 그런 나를 미워할 수도 있다. 공상가들은 모든 것을 과장한다. 그리고 사랑스럽고 내밀하게 접근해야 할 사안에서 빈틈을 드러낸다. 그들에게 안식이란

없다. 언젠가 안식과 성숙에 도달할 가능성도 보이지 않는다. 나는 그들을 사랑하지 않는다. 다만 숲은 사랑한다. 그것도 온 마음으로 사랑한다. 사랑은 그 단계와 특징을 묘사하기가 항상 어렵다. 나는 내가 사랑하는 것을 그에 필요한 만큼 차분히 설명할 수 없다. 어쩌면 언젠가는 내 속의 이런 감정적 다툼을 다스리는 법을 배우게 될지 모른다. 아, 고요는 얼마나 아름다운가! 고요와 숲은 하나다! 나는 그것을 알고 있었다. 그럼에도 불안한 마음으로 고요와 숲을 묘사하려고 했던 것 자체가 처음부터 잘못된 일이었을지 모른다. 이제 나는 나의 가장 훌륭한 생각들이 숨어 있는 곳에서부터 숲에 안녕을 고한다. 그래야 한다. 나는 숲이 그토록 단단하고, 크고, 넓고, 힘이 세고, 씩씩하고, 화려하다는 사실이 기쁘다. 다른 사람들도 그랬으면 좋겠다.

1903년

산불

 아직 아무도 알아차리지 못하는 사이 갑자기 산 전체가 붉은 화염에 휩싸였다. 기품 있는 아름드리 떡갈나무가 가느다란 성냥개비처럼 불타 쓰러졌고, 흰 바위는 이글거리는 불꽃이 훑고 지나가면서 검게 변했다. 도시에서는 사람들이 망원경으로 불타는 광경을 지켜보았고, 산기슭의 호수 수면에는 섬뜩한 불꽃이 놀라운 색깔로 어른거렸다. 거리 아래쪽에서는 흥분한 시민들이 미친 듯이 고함을 지르며 부산스럽게 쫓아다녔다. 몇몇 사람은 충분히 떨어진 거리에서 불구경을 즐기려고 배를 빌려 호수로 나갔다. 이들 중에는 젊은 시인과 화가들이 있었고, 심지어 불타오르는 세계에서 음악적 영감을 얻으려는 작곡가도 하나 있었다. 훗날 그가 이 경험으로 교향곡을 작곡했는지는 오늘날까지도 알려진 게 없다.

 소방대는 당연히 이런 자연 화재에는 지극히 무력했다. 물론 그 와중에도 긴급 상황을 알리는 종소리와 뿔

피리 소리는 울렸고, 사람들은 소방차에 열심히 펌프와 호스를 실었다. 시의회 의원들은 전화나 전보, 전령을 통해 급히 소집되었다. 옛 영주의 정원에 고이 잠들어 있던 잔잔한 못 위에 붉은 화염이 어른거렸다. 지나가는 사람이라면 그걸 보지 않을 수 없었다. 비상 종소리는 멈출 생각을 하지 않았다. 마치 저 산 위에서 불꽃이 튀고 나무가 내려앉는 소리가 아래쪽의 종들을 점점 더 강하고 격렬하게 자극하는 것 같았고, 하나의 압도적인 힘이 다양한 종들로 동시에 표출되는 듯했다.

지금껏 굳게 닫혀 있던 창문들도 오늘만큼은 열렸다. 창문으로 어느 늙은 남자와 어느 늙은 여자, 이제껏 세상 구경을 한 적이 없는 충직한 하녀, 혹은 매부리코에 머리가 하얀 신사까지 고개를 빠끔 내밀고 밖에서 일어나는 일들에 눈과 귀를 열었다. 그것 말고 무엇을 더 해야 하는지는 모른 채. 보이지 않는 익숙한 공포가 골목길을 달려가다가 오래된 정원 문을 두드렸고, 담장을 넘어 창가에서 수를 놓는 한 처녀의 이마에 명중했다. 목공은 대패질을 중단했고, 철물공은 망치질을, 제화공은 두드리는 작업을, 재단사는 바느질을, 공사장의 인부는 삽질을, 무덤 파는 사람은 땅파기를, 시계공은 광내는 일을, 학자는 연구를 멈추었다. 대신 이들 모두에게는 이 일이 어떻게 끝날지 불안하게 기다려야 하는 새로운 소명이 주어졌다.

들판과 언덕에 산재한 인근 마을들에서도 야단법석이 일었다. 곳곳에서 마차와 수레가 덜커덩거렸고, 자전거를 탄 사람은 열심히 페달을 밟았으며, 여자들은 비명을 질렀고, 북새통에 어른들에게 부딪혀 넘어진 아이들은 울음을 터뜨리며 다시 일어났다. 철도 건널목에서야 사람들의 행렬과 자전거, 욕설이 정체되었다. 기차가 지나가 다들 건널 수 있을 때까지. 쉴 새 없이 울리는 이 종소리와 끔찍한 붉은색! 마치 약탈이 벌어지는 세상의 한 귀퉁이에서 어느 못된 초자연적인 악동이나 신이 세상에 불을 지른 듯했다. 게다가 마치 붉은색이 없으면 종소리도 결코 울리지 않을 것 같고, 분노한 수치심에 휩싸인 얼굴 같은 한낮이 마치 이 불타는 붉은색으로 무조건 뒤덮여야 할 것처럼.

간혹 이 모든 광경은 화재를 묘사해놓은 거대한 장식 프레스코 벽화처럼 보였다. 그러다 실제로 사람들이 움직이는 입체적인 현실을 다시 상기시키는 고함 소리가 간간이 들려왔다. 이제는 땅보다 오히려 하늘이 더 불타오르는 것 같았고, 불꽃은 하늘을 붉게 물들였다. 반면에 저무는 태양은 누구의 시선도 끌지 못하는 파리한 등불 같았다. 뿔피리 소리는 다시 울리기 위해 숨을 고르듯 자주 멈추었다. 나중의 신문 보도에 따르면, 걸어서 몇 시간쯤 떨어진 곳에서도 장엄하고 슬픈 채색화를 볼 수 있었다고 한다. 먼 곳에 있던 사람들은 집과 거리, 광장, 산책로, 일터에서 서로를 툭 치며 이렇게 말했다. "저 멀리 보이는 빛이 뭐지?" 밤이 되어도 잠자리에 들려는 사람은 없었다. 방마다 등불이 켜져 있었고, 거실 테이블에 어머니와 아버지, 아들, 딸, 형제자매, 아이, 이모, 사위가 둘러앉아 산불과 그것이 야기한 막대한 손실에 대해 이야기했다.

많은 사람이 온 산으로 번진 화재 현장으로 올라갔다. 불을 끄는 중에도 여기저기서 여전히 타다닥 불꽃 튀는 소리가 들렸고, 연기가 피어오르고 나무가 쓰러졌다. 이튿날, 초록빛 산은 연기가 피어오르는 검은 산으로 바뀌었다. 아름다운 숲은 타버렸고, 은밀한 밀회 장소, 바위 위의 이끼, 관목과 덤불, 가지에 상큼한 초록 잎을 가득 매단 키 큰 전나무와 떡갈나무, 이 모두가 처참하게 망가졌다. 물질적 피해는 상상을 초월할 정도로 엄청났다. 누가 불을 냈는지는 밝혀지지 않았지만, 예전부터 성냥이나 부싯돌 같은 도구를 갖고 숲속을 즐겨 돌아다니던 장난꾸러기들 소행일 거라고 다들 추측했다. 한스 쿤츠라는 이름의 화가가 이 화재를 소재로 그림을 그렸다. 술꾼이자, 모든 선량한 미풍양속을 무시하고 경멸하는 사람이었다. 이 그림은 숲과 산, 인간에게 닥친 큰 재앙을 앞으로도 영원히 기억하기 위해 시청 홀에 걸릴 것이다.

1907년

페르디난트 호들러 Ferdinand Hodler,
〈투너제 호수를 품은 니젠산 Thunersee mit Niesen〉(1910)

초록

우리는 초록을 알지 못한다. 이해하는 건 불가능에 가깝다. 초록은 무섭고, 섬뜩하고, 압도적이다. "초록에 의미가 있을까?" 우리는 자문한다. 그러나 초록은 무의미에 가깝다. 그것은 우리의 오성을 마비시키고 어지럽힌다. 또한 눈과 마음을 아프게 하고, 영혼을 옥죄고 당혹스럽게 한다. 색, 색! 다른 어떤 색도 초록 같지 않다. 다른 어떤 색도 그렇게 눈부시지 않다. 초록, 초록! 어디로 눈을 돌리건 초록빛이다. 착상과 생각, 마음의 충동도 초록과 은밀한 유대 관계를 맺고, 초록의 성질로 바뀐다. 얼굴은 대개 초록색이다. 거기엔 뭔가 불가사의하고 흥분되고 오싹한 것이 담겨 있다. 아니, 아니다. 초록은 그렇게 단순하지 않다. 현대 인간들 주변에는 더 이상 어떤 것도 그리 단순하지 않다. 우리 자신을 속이지 말자. 우리를 뒤흔들고, 우리가 처한 상시적인 무력감을 보다 강렬하게 느끼게 해주는 것들을 빛바랜 병든 농담으로 넘기지 말자. 초록, 초록! 초록은 땅에서 강렬하게 솟아난다. 무서울 정도다. 초록은 사람을 마비시키고 순식간에 아프게 한다. 머리는 정지해 있는데, 영혼은 소리 지르려 하고 자신의 요새인 몸에서 빠져나오고 싶어 한다.

파랑은 단정하고 부드럽다. 가을과 겨울에도 파랑이 있다. 그럼 초록은? 초록은 왜 그리 무섭고 멋지고 찬란할까? 초록은 불탄다. 봄이 오면 온 세상이 초록으로 불타오른다. 초록은 광란의 색이다. 하늘 높이 우뚝 솟고, 대지 위로 넓게 퍼져나간다. 우리는 더 이상 인간이 아니다. 우리가 무엇이고 누구인지 더는 모른다. 초록은 미친 듯이 춤을 추고, 분노하고, 솟아나고, 활활 타오른다. 초록은 지독하게 진지하고 성스러운 색이다. 전율을 일으키고 경고하고 질문을 던지는 색이자, 신적인 색이다. 다른 색은 그렇지 않다. 가령 하양은 미소 짓고, 노랑은 어루만진다. 왜 검은 고양이와 하얀 고양이는 있는데 초록 고양이는 없을까? 왜 눈동자는 가끔 초록빛으로 빛날까? 초록은 땅 밑에서 순식간에 기어 나와 어두운 예감처럼 사방팔방에서 돋아난다. 아, 초록은 얼마나 위압적인가!

초록은 희망의 색일까? 그렇다, 분명 그렇다. 그런데 우리가 두려움에 떨지 않으면서 희망을 품으려 하면 바로 그 옆에, 아니 희망 한가운데에 도사리고 있는 암울하고 절망적인 공포와 좌절이 보인다. 세상 어떤 색도 초록만큼 이 행성에 홀로 버려진 것 같은 외로움을 표현해주지 못한다. 초록은 세상의 명예이자, 가장 위대하고 장엄한 색이다. 또한 색의 출발점이자 총체이자 자랑이다. 초록은 색의 영혼이다. 그런데 왜 좀 더 밝을 순 없을까? 좀 더 연하고 야릿야릿할 순 없을까? 없다. 초록은 밝지 않다. 오히려 세상의 분노처럼 음울하고 부드럽게 어둡고, 반짝거리고 어른거리며 우리를 눈부시게 한다.

왜 우리는 봄에 그렇게 아프고, 생기 없고, 여성스럽

게 부드럽고 여린 기분이 들고, 또 그렇게 늘어지고 상상력이 없을까. 초록은 상상력을 질식시킨다. 초록 자체가 상상력이기 때문이다. 초록은 인간의 에너지를 빼앗는 약탈자다. 나폴레옹도 봄을 두려워하지 않았을까? 아닐까? 물론 나만의 상상일지 모른다. 왜냐하면 내게는 봄이 마취와도 같기 때문이다. 그것도 정말 무섭도록 달콤한 그 모습을 보지 않기 위해 지하 묘지로 숨어들고 싶을 정도로 말이다. 나는 겨울이면 나를 두려워하지 않고, 가을이면 나 자신에 대해 정말 행복한 믿음이 생긴다. 그러나 초록 계절이 찾아오면, 맙소사, 그냥 아무 술집이나 들어가 마시고 또 마신다. 초록은 죽음이다. 싹을 틔우고 꽃을 피우는 것, 이것들은 무엇을 위한 것일까? 우리는 그걸 이해하지 못한다.

이제 나는 안다. 그것도 정확히 안다. 꽃피는 봄은 시간이 갈수록 인간에게 점점 더 강한 인상을 심어준다는 사실을. 봄이 되면 만물은 수분을 흠뻑 머금고,

온통 초록으로 춤을 춘다. 그러면 인간의 모든 일이 환한 대낮의 미친 짓거리처럼 이상해 보인다. 사실 초록에도 광기 같은 것이 있다. 꽃을 피우는 것도 광기가 아니면 뭘까? 파르르 떨리는 반짝임은 광기다. 분명히 그렇다. 물론 우리 인간처럼 오성이 있으면 그것과 타협할 줄 안다. 이 지점에서 나는 하나의 예시와 현현, 예찬을 제시하고 싶다. 오, 여기 꿈이 있다. 진녹색의 꿈이다. 빨강의 흔적이 배어 있고 파랑에 둘러싸인 꿈이다. 마치 파랑은 우리의 생각과 시 같고, 빨강은 우리의 더 나은 욕망 같고, 형언할 수 없이 짙은 초록은 우리의 삶 같다. 그렇다, 초록은 삶이자 사랑이다. 물론 우리 마음에 들지 않을 때도 많다. 초록은 우리를 황홀하게 하는 동시에 경악시키고, 날이 갈수록 사납고 무성해지고, 서서히 여름을 향해 짙어진다. 우리는 그에 익숙해진다. 그러면 지붕 밑을 걷듯 나뭇잎이 살랑대는 무성한 나무 밑을 걷는다. 그러다 먼지가 나무에서 깊은 광채를 앗아가고, 대도시의 한여름에는 나뭇잎이 살랑대며 속삭인다. 그러다 차츰 파리한 잿빛으로 바뀌어 간다. 마치 쇠로 만든 것처럼.

1911년

숲

 나는 온갖 이상야릇한 감정에 젖어 바위가 많은 길을 따라 천천히 숲속으로 올라갔다. 풀리지 않는 진녹색의 비밀 같은 곳이었다. 숲은 고요했지만, 내 눈엔 마치 숲이 움직이고 온갖 아름다움으로 나를 맞아주는 듯했다. 저녁이었다. 지금 내 기억으로, 숲속 공기는 달콤한 선율 같은 서늘함으로 가득했다. 하늘은 덤불숲을 황금빛 광채로 휘감았고, 풀과 산나물에선 묘한 향이 뿜어져 나왔다. 내 영혼은 숲속 흙냄새에 매료되었다. 나는 몽롱하고 불안한 상태였기에 느리게, 정말 느리게 걸을 수밖에 없었다. 그때 전나무들 사이의 낮은 떡갈나무 덤불에서 크고 아름답고 낯선 야생의 여인이 나타났다. 옷은 거의 입지 않았다. 머리엔 작은 밀짚모자를 쓰고 있었는데, 모자의 리본 하나가 검은 머리카락 위로 흘러내렸다. 숲의 여인이었다. 여인은 고개를 끄덕였고, 내게 손을 들어 인사하더니 천천히 다가왔다. 저녁도 이미 충분히 아름다웠고, 새들도 보이지 않는 곳에서 달콤하게 노래 부르고 있었는데, 이제는 단순히 상상 같기만 한 미의 이상 같은 존재까지 내 앞에 나타났다.

우리는 가까이 다가가 인사했다. 여인은 미소를 지었고, 나도 미소를 지었다. 아니, 그녀의 미소에 이끌려, 전나무처럼 늘씬하고 아름다운 모습에 사로잡혀 절로 미소가 나왔다고 하는 편이 맞았다. 여인의 얼굴은 창백했다. 그사이 나뭇가지들 사이로 떠오른 달이 생각에 잠긴 진지한 표정으로 우리 둘을 내려다보았다. 우리는 축축하고 부드럽고 달콤한 향이 나는 이끼에 나란히 앉아 흐뭇하게 서로의 눈을 바라보았다. 오, 여인의 눈은 얼마나 크고 아름답고 우수에 차 있던지! 그 안에 하나의 세계가 있는 듯했다. 나는 여인의 크고 부드러운 몸을 안으며, 최대한 아양 떠는 목소리로(그건 어렵지 않았다) 그녀의 다리를 보여달라고 부탁했다. 여인이 다리를 가리고 있던 치마를 걷자, 숲의 어둠 속으로 천상의 미처럼 아름답고, 하얀 상아처럼 미끈한 다리가 반짝거리며 드러났다. 나는 몸을 숙여 두 다리에 입을 맞추었다. 순간 다정하고 환영하는 강물이 행복한 내 몸 안에서 흘러갔다. 이제 나는 선한 관대함과 사랑 그 자체 같은 그녀의 도톰한 입술에 키스했다. 우리는 서로를 껴안았고, 각자의 고요한 황홀경을 즐기기 위해 한참을, 정말 한참을 그러고 있었다. 아, 숲속 밤의 향기는 얼마나 매혹적이고, 여인의 몸에서 흘러나온 향기 역시 얼마나 황홀하던가! 우리는 마치 화려한 장식이 있는 귀한 침대에 눕듯이 이끼 위에 누웠다. 우리 주위에는 정적과 어둠, 평화가 흘렀고, 우리 머리 위에는 춤추고 반짝이는 별들과 선하고 태평하고 사랑스럽고 크고 신성한 달이 떠 있었다.

1912년

전나무 가지, 손수건, 그리고 작은 모자

　어느 날 오전, 나는 숲으로 뒤덮인 가파른 산을 올랐다. 무더운 날이라 오르는 내내 온몸이 땀에 흠뻑 젖었다. 초록빛 숲은 그 밝음과 아름다움에서 노래를 닮았다. 꼭대기에 오르자 앞이 탁 트이면서 하얗게 반짝거리는 아래쪽이 내려다보였다. 이 멋진 풍경은 아무리 봐도 도무지 질리지 않았다. 높은 산에서 바라보는 광경은 어찌나 아름답고 편안한지! 시선은 저 멀리 드넓고 환하고 아득한 세상을 훑다가 거룩하리만큼 아름답고 환희에 찬 아래쪽 풍경으로 향했다. 하늘은 신비로운 푸른빛을 머금고 있었다. 그러던 것이 서서히 달콤한 푸른색으로 바뀌어가더니 마침내 온 하늘이 파란 물감 속에 푹 빠졌다. 파랑과 초록, 그리고 황금빛 태양, 이 셋은 놀랍도록 아름다운 조화를 이루고 있었다. 마치 각각의 소리가 다른 소리들 사이로 굽이쳐 흐르고, 각각의 소리가 다른 소리들을 사랑스럽게 어루만지고 키스하고, 복되고 행복한 목소리 셋이 서로 휘감고 감싸는 3성부 노래를 닮은 듯했다. 그것도 달콤하고 부드럽고 다정한 3성부 노래 말이다.

나중에 나는 서늘한 초록빛 전나무 숲의 한가운데에 있는 벤치로 갔다. 아, 그런데 거기 무엇이 놓여 있던가? 전나무 가지와 작은 손수건, 그리고 작은 인형 모자였다. 이 새로운 광경은 이전에 자연의 높은 곳과 깊은 곳의 풍경이 나를 행복하고 감탄하고 명랑하게 해주었던 것처럼 다시금 나를 즐겁게 해주었다.

"한 아이가 여기 있다가 이 사랑스러운 마법의 물건들을 놓아두고 갔군."

나는 싱긋 웃으며 혼잣말로 중얼거렸다. 초록빛 전나무 가지는 희고 부드럽고 창백한 손수건 위에 얌전히 놓여 있었고, 작은 모자는 유심히 지켜보는 사람에게 다정하고 순박하게 미소를 지어주는 듯했다.

"오, 신이여, 오, 신이여!" 내 속에서 절로 터져 나온 말이었다. "세상은 이 달콤하고 사랑스럽고 천진난만

한 아이들의 존재 덕분에 얼마나 아름답고 영원한가! 얼마나 영원히 선하고 또 선한가! 부디 사람들이 세상의 선함과 아름다움, 행복, 위대함, 사랑에 대한 믿음을 잃지 않고 계속 새롭게 시작할 수 있기를!" 나는 전나무 가지와 손수건, 작은 모자로 재빨리 다시 한번 시선을 던지고는 서둘러 내려갔다. 정오가 다 되어갔고, 나는 열두 시 정각에 점심 식사를 하고 싶었다.

1914년

작은 설경

어제는 눈이 내렸다. 오늘 나는 아침 일찍 눈 내린 풍경을 차분하고 세심하게 살펴보려고 밖으로 나갔다. 풍요롭고 사랑스러운 대지가 막 깨끗이 씻은 얌전한 새끼 고양이처럼 깜찍하게 누워 있었다. 나는 아이라면 누구나 눈 내린 풍경의 아름다움을 마음속 깊이 이해할 수 있을 거라고 생각한다. 깨끗하고 고운 하얀색은 그만큼 이해가 쉽고, 아이 같다. 이제 대지 위에는 천사 같은 것이 곱게 내려앉아 있고, 달콤하고 매혹적인 천진함이 희끄무레하고 푸르스름하게 대지 위에 펼쳐져 있다. 나는 눈과 눈의 매력을 차분하고 세심하게 살펴보라는 내 임무, 내 본분, 내 유쾌한 의무가 기뻤다. 눈밭 위로 빠끔 고개를 내민 깜찍한 풀에는 경이로운 섬세함과 아름다움이 담겨 있었다.

나는 다시 나의 오랜 마법사에게로 갔다. 무엇으로도 황량해지지 않는 선한 숲이었다. 나는 마치 꿈결처럼 숲으로 향했다. 거기엔 아이의 색을 띤 아이의 나라가 있었다. 어린나무와 큰 나무 들이 하얀 들판에서 우아하게 춤을 추는 듯했고, 집들은 하얀 모자를 쓰거나 하얀 두건을 두르거나 하얀 지붕을 얹고 있었다. 그 모습이 숙련된 제빵사가 만든 부드럽고 달콤한 예술 작품처럼 탐스럽고 유쾌하고 사랑스러워 보였다. 아침 햇살도 창문에서 반짝거렸다. 조금 떨어진 곳에 아담한 집 한 채가 서 있었는데, 쾌활한 꾀쟁이의 눈처럼 반짝거리는 창문이 달려 있었다. 집은 하나의 얼굴 같았고, 다섯 개의 초록빛 창문은 눈 같았다. 친애하는 독자들이여, 나가라! 사랑스러운 얼굴 위에 눈 덮인 마법 같은 풍경이 아직 거기 있다. 너무 늦으면 안 된다. 몇백 걸음 걷는 걸 두려워해선 안 된다. 게으른 침대에서 조금만 일찍 일어나 사지를 펴고 집 밖으로 나가면 눈은 질리도록 눈을 보고, 자유를 갈구하는 가슴은 마음껏 숨 쉴 수 있다. 아름다운 입으로 그대에게 살갑게 미소 짓는 앙증맞은 설경을 보러 가라. 그대도 설경에 미소를 지어주고 내 안부를 전해다오.

1914년

카를 발저 Karl Walser,
〈숲 Der Wald〉(1902~03년경)

야간 산행

 모든 것이 이상했다. 마치 지금껏 한 번도 본 적이 없고, 생전 처음 보는 것 같았다. 나는 열차를 타고 산악 지대를 지나가고 있었다. 저녁이었고, 해는 퍽 아름다웠다. 산은 아주 우람해 보였고, 실제로도 그랬다. 높고 낮음이 반복되는 지형은 무척 다채롭고 풍요로웠다. 우뚝 솟은 암석과 높이 솟구친 아름다운 검은 숲을 품은 산이 사치스럽다는 인상까지 받았다. 산 둘레에 굽이굽이 좁은 길들이 보였다. 단아하고 시적인 분위기가 넘치는 길이었다. 하늘은 맑고 높았으며, 길 위엔 남자와 여자들이 걷고 있었다. 산비탈에는 집들이 아름답고 고즈넉하게 서 있었다. 모든 것이 한 편의 시 같았다. 그것도 늘 생동적인 모습으로 새롭게 변하는 한 편의 멋진 옛 시 말이다.

 날이 더 어두워졌다. 얼마 뒤 깊고 시커먼 협곡 속으로 별들이 깜박거렸고, 환하게 빛나는 흰 달도 곧 모습을 드러냈다. 골짜기를 관통하는 도로는 눈처럼 하얬다. 나는 깊은 기쁨에 사로잡혔고, 산에 있다는 것이 행복했다. 맑고 신선하고 차가운 공기는 또 얼마나 훌륭하던지! 나는 풍경과 함께 공기를 한껏 들이마셨다. 열차는 계속 천천히 나아갔고, 나는 이윽고 열차에서 내렸다. 이어 짐을 맡기고 이제부터 걸어서 산으로 올라갔다. 무척 환하면서도 무척 어두웠다. 밤은 거룩했다. 높은 전나무들이 내 앞에 우뚝 솟아 있었고, 시냇물이 시원하게 좔좔 흘러가는 소리가 들렸다. 멋진 선율이었고, 신비로운 말과 노래였다. 나 또한 환한 길을 따라 올라가면서 밤의 정적 속으로 노래를 불렀다.

한 마을이 나타났고, 이어 시커먼 숲을 지났다. 방랑자의 발은 나무뿌리와 돌에 차였고, 곧은길에서 벗어나는 바람에 머리는 나무에 자주 부딪혔다. 그래도 나는 웃기만 했다. 아, 이 첫 야간 산행은 얼마나 아름다운지! 만물이 적막했다. 만물에 무언가 신성한 것이 내려앉아 있었다. 검은 전나무 숲은 내게 깊은 기쁨을 자아냈다. 마침내 저 위 계곡의 작고 어두운 집 앞에 이르렀다. 때는 이미 한밤중이었음에도 창문으로 불빛이 비쳤다. 누군가 나를 기다리고 있었다. 쏴쏴 바람 소리만 들리는 고요한 밤에 높은 산의 외딴집에, 방랑하는 도제처럼 홀로 걸어 도착하는 건 얼마나 멋진 일인가! 또한 누군가 사랑하는 사람이 기다리고 있음을 확인하는 것은 얼마나 반가운 일인가! 나는 문을 두드렸다. 개 짖는 소리가 멀리까지 울려 퍼졌다. 누군가 급히 계단을 내려오는 소리가 들렸다. 문이 열렸다. 등불 또는 초롱불이 내 얼굴을 비추었다. 이제 주인이 나를 알아본 모양이다. 이 또한 얼마나 아름답고 기쁜지…….

1914년

풍경 1

 모든 것이 섬뜩했다. 어디서도 하늘은 보이지 않았고, 땅은 젖어 있었다. 나는 걸었다. 걸으면서 그냥 이대로 등을 돌려 집으로 돌아가는 게 낫지 않을까 생각했다. 그러나 무언가 알 수 없는 것이 나를 끌어당겼다. 나는 음습한 장막을 뚫고 내 길을 계속 갔다. 이곳을 지배하는 무한한 슬픔이 마음에 들었다. 내 심장과 상상력이 안개와 잿빛에 활짝 열렸다. 사방이 온통 잿빛이었다.

 나는 이 아름답지 않은 것의 아름다움에 매료되고, 절망 속의 희망에 사로잡혀 걸음을 멈추었다. 이제는 뭔가를 더 바라는 것이 불가능해 보였다. 이어 말할 수 없이 매혹적이고 달콤한 행복이 슬픔 가득한 풍경을 휘감는 듯했다. 문득 어떤 소리가 들린 듯했지만, 만물이 고요했다. 다른 누군가 나무 사이를 걷고 있었다. 우수에 찬 이 검은 어둠 속을. 복면을 쓴 모습이 검은 풍경보다 더 검었다. 누구일까? 뭘 하려는 것일까? 곧

이어 다른 검은 형체들이 나타났다. 그런데 그중 누구도 다른 형체들에 신경을 쓰지 않고 각자 자기 자신에게만 몰두하는 것 같았다. 나도 이 사람들이 무엇을 원하고 어둠 속에서 어디로 가려 하는지 더는 신경 쓰지 않았고, 오직 나 하나만 생각하며 나 자신의 불투명한 세계 속으로 계속 걸어갔다. 축축하고 차가운 팔로 나를 잽싸게 감싸며 자기 쪽으로 끌어당기는 세계 속으로.

마치 예전에 왕이었던 내가 거지가 되어, 어떤 땐 무지가 넘치고, 어떤 땐 몰지각과 무감각이 판치는 넓은 세계로 끌려들어가는 듯했다. 나는 선하게 사는 것이 모두 쓸데없는 짓이고, 올곧은 뜻을 품는다는 것이 영원히 불가능하고, 모든 것이 어리석고, 또 우리 모두가 애초에 어리석음과 불가능에 내맡겨진 아이들뿐인 것 같다는 느낌이 들었다.

그러다가도 바로 다음 순간에는 다시 모든 것이, 모

든 것이 좋았고, 나는 형언할 수 없이 즐거운 영혼과 함께 아름답고 경건한 어둠 속을 계속 걸어갔다.

1914년

산책 1

나는 짧지만 유쾌하고 산뜻한 산책을 했다. 산책 과정도 가볍고 편안했다. 나는 한 마을을 지나고, 벼랑길 같은 험한 길을 지나고, 숲을 지나고, 들판을 지나고, 다시 다른 마을을 지나 철교를 건넜다. 철교 아래에는 햇빛으로 반짝거리는 넓고 푸른 강이 유유히 흘렀다. 그다음엔 저녁이 될 때까지 강을 따라 천천히 걸었다. 그러나 나는 다시 숲으로 돌아갈 수밖에 없었다. 다리에 대해서는 분명 몇 마디 더 하게 될 것이다.

숲속은 성스러운 느낌이 들 정도로 고요하고 엄숙했다. 내가 진녹색의 습기 찬 전나무 숲에서 나왔을 때 얼굴과 팔이 하얀 두 아이가 숲 가장자리에서 나무를 주워 모으고 있었다. 겨울 해가 들판의 낮은 언덕과 푸른 초원, 암갈색 농토에 부드러운 황금빛 햇살을 비추고 있었다. 벌거벗은 검은 나무들이 태양 아래 서 있었다. 나는 걷던 중에 또 다른 아이를 보았다. 내게 미소를 지어주는 귀여운 아이였다. 그리고 그 뒤 앞서 언급

했듯이, 금색과 은색 햇빛으로 반짝거리고 움찔거리는 다리에 이르렀다. 다리 밑에서는 강물이 환희에 젖어 장대하게 흘러가고 있었다.

나중에 들길에서 한 여인을 만났다. 내게 무척 다정하게 인사를 건네서 기억에 남는 여인이었다. 그때 나는 생각했다. '사람들 사이에 있는 건 얼마나 기쁜 일인가!' 반대편 강가의 초록빛 언덕 위에 서 있는 집들은 아름답고 자유로워 보였고, 집의 창문들은 온통 노란색으로 반짝거렸다. 불타는 저녁노을 속으로 한 무리의 새가 날아갔다. 나는 새떼가 사라질 때까지 눈으로 그들을 뒤쫓았다. 세상의 한쪽은 고요하고 따뜻하고 어두웠고, 다른 쪽은 차가운 황금빛으로 환하게 반짝거렸다. 나는 한 걸음, 한 걸음 조용히 걷다가 농지로 접어들었다. 저녁 무렵의 거무스레한 나무 아래 한 아낙과 아이가 서 있는 것이 보였다. 그들은 호기심 어린 눈으로 나를 바라보았다.

그다음엔 탁 트인 넓은 들판에 홀로 서 있는 집을 지나갔다. 그 집엔 놀랍도록 특이하고 사랑스러운 정원이 딸려 있었다. 오래되어 보이는 자그마한 정원은 상상으로만 가능할 것 같은 기묘한 산울타리로 둘러싸여 있었다. 이제 모든 것이 갑자기 꿈과 사랑, 환상이 되었다. 이제 내가 바라보는 모든 것은 웅장하고 고결한 모습으로 바뀌었다. 그 지역 자체가 시를 짓고 상상력을 펼치고, 자신의 아름다움에 대해 꿈을 꾸고, 깊고 음악적인 생각에 잠겨 있는 것 같았다. 나는 나를 둘러싼 아름다움에 매혹되어 걸음을 멈추고 사위를 주의 깊게 둘러보았다. 저녁이었다. 초록빛이 멋진 저녁의 언어로 말을 했다. 색은 언어와 같다. 내가 서 있는 집은 모자를 눈까지 푹 눌러쓴 것처럼 처마가 창문 위로 깊이 내려와 있었다. 사실 창문은 집의 눈이 아니던가?

나는 이제 산 위에 높이 걸린 반달을 올려다보았다. 모든 것이 신비롭게 느껴졌다. 검은 흙이 그처럼 따뜻하고 친근하고 아늑해 보이는 것도 그렇고, 하늘에서 창백하게 빛나는 달이 서늘한 고독 속에 반짝거리는 것도 그랬다. 달의 색깔은 얼음처럼 차갑고 선명한 은녹색이었다. 매혹적인 전나무를 품은 숲은 장엄한 통치자인 찬란한 달 아래서 말할 수 없이 아름답고 어둡게 서 있었다. 나는 다른 집을 지나갔다. 한 여인이 문가에 서 있었고, 작은 고양이가 그 옆에 웅크리고 앉아 있었다. 나는 그 집에 들어가 그들과 함께 사는 상상을 했다. "사람과 집은 얼마나 닮았는지!" 나는 혼잣말로 중얼거렸다. 날은 점점 어두워졌다. 저녁엔 신적인 것이 담겨 있고, 저녁이 되면 달콤하면서도 우수에 찬 높은 교회에 들어와 있는 듯하다. 이제 파리한 하늘가에 달콤하고 정열적인 붉은 노을이 걸려 있었다. 하늘이 마치 행복과 열락으로 발갛게 달아오른 뺨 같았다. 한 젊은 농부가 누런 소를 끌고 내 옆을 지나갔다. 짙어지는 저녁 어둠 속에서 마을 아이들이 너무나 사랑스럽게 저녁 인사를 건넸다. 모두의 얼굴에 장밋빛으로 타오르는 저녁노을이 담겨 있었다. 별들이 벌써 모습을 드러냈다. 마침 길가에 객잔이 있었고, 나는 안으로 들어갔다.

1914년

하이덴슈타인

 너무 아름다워 매번 나를 불러들이는 숲에 크고 늘씬하고 근엄한 전나무들 아래 사람들이 '하이덴슈타인'이라고 부르는 큰 돌이 하나 있다. 초등학교 남자애들이 자주 기어오르는 이끼로 덮인 거무스름한 화강암 바위다. 놀라운 태곳적의 신비로운 증인인 이 바위의 기묘한 모습을 보고 있자면 나도 모르게 멈춰 서서 인생에 대해 생각하게 된다. 바위는 사랑스럽고 친근한 초록빛 숲 한가운데에 조용하고 단단하고 우람하게 서 있다. 무수한 비바람에 씻기고, 말 없고 신실한 전나무들 사이에 몸을 숨긴 이 바위는 과거의 비유이자, 영원한 불변성의 표현이자, 상상할 수 없는 지구의 나이에 대한 증거다.

 나는 종종 이 아름다운 바위 앞에 가만히 서 있곤 한다. 이런 곳에서 어떻게 자랄 수 있을까 신기할 정도로 기이한 모양의 늙은 전나무 두 그루가 이 경탄스러운 바위 위에 힘차게 뻗어 있다. 나는 오늘도 바위를 다시 보았고, 바위를 보면서 나도 모르게 다음과 같은 말을 중얼거렸다.

"너의 삶과 비교하면 인간의 삶은 어찌 이리도 허약하고 여리고 쉽게 상처받는지! 스러지지 않는 너 오랜 돌이여, 너는 세상의 시작부터 오늘까지 살아왔고, 모든 생명이 끝날 때까지도 이대로 계속 살아 있을 것이다. 세월은 너를 공격하고 약화시키기보다 오히려 더 굳건하고 단단하게 하는 것 같구나. 반면에 상처받기 쉬운 인간은 모두 죽는다. 세대가 이어지지만, 그저 꿈같이, 부드러운 숨결같이 잠시 피었다 사라질 뿐이다. 너에게는 약점이 전혀 없다. 조바심도 낯설다. 생각은 너를 건드리지 못하고, 감정도 너에게 이르지 못한다. 그럼에도 너는 살아 있고, 생동감이 넘치고, 돌로서의 삶을 이어간다. 말해다오, 너는 진정 살아 있나?"

나는 이 이상한 물음과 예감에 가득 차서, 진기하고 반항적이고 강인한 이 오랜 친구에게서 서서히 멀어졌다. 마치 바위는 마법사이고, 숲이 바위의 마법에 걸린 것 같은 기분이 들었다.

1914년

숲 산

 우리 도시 인근에 숲으로만 이루어진 길쭉한 두 산이 있다. 나는 둘 중 하나를 돌았다. 그 과정에서 친절하고 똑똑하고 조용하고 사랑스러운 마을 서너 곳을 스치거나 지나갔다. 내 기억으로, 날은 온화한 겨울 날씨였다. 시골길은 깨끗함과 평탄함 측면에선 여기저기 아쉬운 점이 많았지만, 그도 크게 문제 될 것이 없었다. 나중에 더러워진 신발을 깨끗하게 씻고 닦아줄 구두닦이가 있었기 때문이다.

 숨결 같은 초록빛 세상이 눈앞에 펼쳐졌다. 세상이 보여주는 다양한 색도 퍽 부드러웠다. 형체와 현상과 관련해서 말하자면, 나는 길에서 수레를 끄는 수레꾼 몇 명과 바구니를 이고 가는 통통한 노파, 불평이 많은 도시 상인을 만났다. 왼편으로는 숲 산이 마치 보행자인 나와 보조를 맞추듯 계속 이어졌고, 오른편으로는 들판과 논밭, 습지로 이루어진 부드럽고 아름다운 평지가 펼쳐져 있었다. 먼 곳에서는 작은 도시의 교회탑과

강의 일부가 보였고, 가까이로는 멀지 않은 들에서 일하는 아낙 셋이 보였다. 그들은 무척 씩씩하고 부지런히 걸어가는 나그네를 보고 자기들끼리 웃으면서 뭔가 이야기를 나누었다. 고백건대, 나는 일단 걷기 시작하면 눈에 띌 정도로 열심히 그리고 진지하게 걷고, 그걸 본 사람이라면 누구나 내가 걷는 걸 무척 즐기는 인간이라는 걸 한눈에 알 수 있다. 나는 그런 내 모습을 기꺼이 인정할 뿐 아니라 이런 솔직한 고백에 부끄럼을 느끼지도 않는다.

나는 이제 한 마을에 도착했고, 편안하고 정감 가는 객잔에 들러 맥주를 시켰다. 곧이어 전형적인 농부로 보이는 두 남자가 들어왔다. 한 사람은 코가 긴 중년 남자였고, 다른 사람은 무척 쾌활한 노인이었다. 노동과 수고로 가득한 삶을 선량하고 명랑하게 되돌아볼 줄 알고, 겸허하게 받아들일 줄도 아는 진정한 농부만이 가질 수 있는 쾌활함이었다. 코가 긴 남자는 담배

파이프가 얼굴의 일부처럼 느껴질 정도로 능숙하게 파이프를 입에 잘 물고 있었다. 파이프를 문 얼굴 중에서는 내가 지금껏 본 가장 멋진 얼굴이었다. 파이프가 없는 얼굴을 상상하는 게 불가능할 정도로 말이다. 신실하고 옹골찬 두 사람은 조금의 망설임도 없이 내 옆자리에 앉더니, 일하는 아가씨에게 배치와 드루젠바서를 시켰다. 나는 즉시 그들이 주문한 브랜디와 소주가 어떤 것인지 물었고, 두 사람은 기다렸다는 듯이 서둘러 대답했다. 이후 우리는 이야기를 나누었는데, 퍽 다정하고 기분 좋은 대화였다. 아, 힘든 삶을 살아가는 사람들과의 대화는 얼마나 진지하고 아름다운지!

늙은 농부는 다름 아닌 마을의 최연장자였다. 정말 감동적이고 인상적인 사람이었다. 나는 갈증만 식히고 말려고 했던 술을 그에 대한 경의의 뜻으로 두 잔 더 마셨고, 처음 의도했던 것보다 더 오래 객잔에 머물렀다. 그런 다음 떠났다. 나는 두 사람에게 모자를 벗어

인사했고, 두 사람도 모자를 살짝 들어주었다. 나는 이제 활기차고 기분 좋은 나그네가 되어 벌써 저녁이 된 거리로 나가 조용히 세상 속으로, 나중에는 밤의 세계로 미끄러져 들어갔다. 두 뺨이 발그레 달아오른 사랑스러운 마을 아이들의 얼굴이 아직 눈에 선했고, 숲이 우거진 선량하고 따뜻한 산이 여전히 따뜻한 고향 같은 느낌으로 내 곁에 머물렀다. 이윽고 나는 굽잇길로 산을 마저 돈 다음 가슴에 뿌듯함을 안고 늦지 않게 집에 도착했다.

1914년

일요일 아침

 오늘 일요일, 나는 아침 일찍 인근의 시골로 나갔다. 우리 지역은 도시와 시골이 신실하고 좋은 두 친구처럼 맞닿아 있었다. 백 걸음이나 걸었을까, 아니 백 걸음을 더 걸었을까. 내 눈앞에 나무들과 예쁘장한 푸른 초원이 펼쳐진 온화한 시골 겨울이 성큼 나타났다. 나는 차가운 잿빛 대기 속에 우아한 전나무 우듬지를 품은 아름답고 고요한 숲에 도착했다. 멀리 떨어진 교구 마을에서 일요일의 종소리가 크게 울려 왔지만, 여기 숲 가장자리에서는 은은하고 고요하게만 울려 퍼졌다. 추위와 단단히 얼어붙은 길, 그리고 거무스레한 겨울나무들 속의 아름답고 널찍한 농가……. 굴뚝에서는 부드럽고 평화로운 연기가 미소 짓듯 피어올랐고, 경쾌하고 대담한 좁은 들길은 논밭을 가로질러 숲속으로 구불구불 이어졌다. 나는 일요일 나들이옷을 차려입은 사람들을 지나 나의 사랑스럽고 경이로운 숲으로 들어갔고, 나중에 반대편으로 나와 다시 들길과 들판, 잿빛

하늘, 나무와 집, 다른 사람들을 만났다. 겨울의 추위와 죽음 속에도 따뜻한 평화가 있었고, 영원히 회춘하고 기뻐하는 태곳적의 생명이 숨어 있었다. 초록빛 언덕이 장난꾸러기처럼 나를 내려다보았다. 나는 내가 사는 땅을 사랑한다. 좁은 길들과 길모퉁이, 외진 곳 구석구석을 사랑하고 또 사랑한다. 얼마 뒤 나는 따뜻하게 데워진 내 방으로 돌아오자마자 책상에 앉아 펜을 들고 이 글을 쓴다.

1914년

숲에서

나는 우리 도시 위로 가파르게 솟은 숲에 서 있었다. 벌써 온갖 생각이 머릿속을 스쳐 갔지만, 어떤 생각도 충분히 아름답지 않았다. 나는 내 생각에 대해 숙고했고, 그 생각에 대해 다시 생각했다. 저녁이 숲속에 들었고, 나는 줄기와 가지들 사이로 도시 불빛이 숲 아래쪽에서 어른거리는 것을 보았다. 그때 구름 뒤에서 고결한 마법사 같은 창백한 달이 빠끔 고개를 내밀었다. 그러자 모든 것이 거룩할 만큼 아름다워졌고, 나와 주변의 모든 것이 마법에 걸렸다. 내가 죽은 것 같았다. 달의 미소는 천국처럼 아름답고 다정하고 선량했다. 저 높고 선한 신이 자신의 피조물들에게 이렇게 미소를 지어주고 있구나. 우수에 찬 미소를!

어두운 숲속 여기저기서 나직한 활동과 예감, 미세하고 작은 움직임이 일었다. 그것만 빼고는 저 멀리 떨어진 도시의 높은 홀처럼 고요했다. 나는 달을 쳐다보면서 한 여인을 떠올렸다. 마치 달이, 창백한 달이 저 위에서 내게 그 생각을 불어넣어준 듯했다. 한때는 연인이었지만, 지금은 낯선 사람이 되어버린 여인이었다. 나와 그녀 서로에게 말이다. 우리는 더 이상 인사를 하지 않았고, 더 이상 눈을 마주치지 않았다. 그런데 이상하게도 나는 그녀를 여전히 사랑했고, 그녀는 내게 예전처럼 귀하고 소중한 존재였다. 어쩌면 나도 그녀에게 여전히 그런 존재일지 모른다.

나도 모르게 미소가 피어올랐다. 사랑스럽고 고결한 숲의 친구로서 이렇게 홀로 숲에 서서 달을 신격화하는 것은 정말 달콤한 일이었다. 앞으로는 정말 어떤 나쁜 일도, 어떤 불행한 일도, 어떤 불쾌한 일도 더는 일어나지 않을 것 같은 기분이 들 만큼 마음이 평온해졌다. 나는 황홀한 달빛을 받은 고요한 나무들 사이를 차분히 거닐었다. 숲은 점점 더 울창해졌고, 사방이 온통 나뭇가지와 유령 같은 고요함으로 가득 차 있었다. 칠흑 같은 어둠 속에서도 여기저기 희미한 빛이 어른거렸다. 천상의 어둠이자, 깊고 기쁜 마법이었다. 나는 이대로 눕고 싶었고, 다시는 숲을 떠나고 싶지 않았다. 더는 불안하고 환한 낮은 없고, 단 하나의 영원한 밤과 기쁨, 고요와 평온, 안식과 사랑만 있는 이 숲을.

1915년

숲의 축제 1

내가 어떤 이에게 읽을 만한 책을 추천해달라고 부탁했을 때, 그 사람은 내게 이렇게 말했다. "당신은 마를리트*를 좋아하시지요." 나는 그 말에 이렇게 답했다. "겉으론 덜 매력적으로 보이는 책들도 좋아한답니다."

그때 일을 생각하니 절로 웃음이 나왔다. 나는 집에 앉아 창밖을 내다보았다. "그래, 일요일의 쾌활함으로부터 뭔가를 얻어야겠어." 나는 이렇게 중얼거리며 밖으로 나갔다. 나는 걸으면서 그동안 쌓아 올린 창작 계획의 성곽들을 뒤엎어버렸고, 그것들은 소리도 없이 무너져 내렸다. 그런 재앙은 조용히 일어나는 법이다.

그러고 나니 무척 즐거워져서 나는 강을 따라 걸었고, 이어 초원을 지나 작은 숲으로, 그다음엔 들판을 넘어 언덕으로 올라가 또 다른 숲으로 들어갔다. 숲은

---

* E. Marlitt(1825~1887). 독일 여성 베스트셀러 소설가.

생명으로 넘쳤다. 사방에서 사람들의 목소리가 들렸다. 여기서 축제가 열리나? 나는 곧 사람들을 만났다. 아니, 그 사람들 입장에서는 그들이 누군가를 만났다고 할 수 있을 것이다.

나는 서서히 축제 속으로 들어갔고, 구경거리를 찾았다. 무엇보다 숲 자체가 그런 구경거리였다. 이제 음악 소리가 들렸고, 나는 그 소리를 따라갔다. 나는 일요일의 번잡함 속으로 점점 빠져들면서 한 신사에게 말했다.

"당신이 주최자이신가 봐요."

"그럴 수도. 아무려면 어떻습니까?"

"저도 이 즐거운 자리에 끼어도 될까요?"

"얼마든지요. 마음껏 어울려보세요."

여기서는 볼링을 쳤고, 저기서는 재미 삼아 나무망치로 핀을 박고 있었다. 가족으로 보이는 사람들은 바닥에 편안히 앉아 있었고, 소년들은 나무를 타거나 예부터 굳건히 자리를 지켜온 바위에 기어 올라갔다. 여인들의 형형색색 환한 옷차림 덕분에 풍경은 더욱 밝아 보였다. 축제의 공간은 때론 조용했고, 때론 움직임이 일었다. 사람들은 야외 댄스홀에서 춤을 추었다. 전나무 밑에 밀랍 인형 전시관이 설치돼 있었는데, 베를린의 프리드리히가에 있는 전시관만큼 다채롭거나 화려하지는 않았다. 대신 여기 전시관은 훨씬 푸르렀다.

나는 세 걸음을 움직여 차를 가져왔다. 나중에 악단은 '조국의 노래'를 연주했고, 그 소리는 고트프리트 켈러 소설의 울림처럼 숲속에 울려 퍼졌다. 원래 여기서는 두 축제가 열렸다. 그런데 서로 추구하는 목표가 같았기에 하나의 축제처럼 보였다. 내가 숲속의 언덕을 올라가자 두 소녀가 소리쳤다. "우리도 올라가고 싶어요." 내가 올라오라고 하자, 소녀들은 그새 마음이 바뀌었는지 올라오지 않았다.

나는 축제 주변을 돌아다녔다. 나무들 사이로, 사람들의 소리를 들으면서. 그러다 나무에 기대서 있는 한 청년을 보았다. "당신은 고독을 좋아하시나 봐요. 이런 데 숨어 있는 걸 보니." 불쑥 던진 이 말에 청년은 나를 바라보기만 할 뿐 답을 하지 않았다. 거기서 멀지 않은 곳에서는 남녀가 키스를 하고 있었다. 영리한 사람들이었다. 행복하다는 것은 아마 세상에서 가장 영리한 일일 것이다.

일상의 즐거움을 무시하지 마라. 건강한 것도, 누군가를 사랑하는 것도. 그보다 숲에 더 잘 어울리는 것이 있을까? 사랑스럽고 아름다운 우리나라의 국기 색도 흰색과 붉은색이 아니던가!

1919년

디아즈의 숲

 화가 디아즈가 그린 어느 숲에는 엄마와 아이가 가만히 서 있다. 그들은 아마 한 시간 정도 떨어진 마을에서 왔을 것이다. 옹이가 많은 나무들이 원초적 세계의 언어로 말을 하고 있었다. 엄마가 아이에게 말했다.

 "엄마가 오직 너 하나만을 위해서 있는 것처럼 내 치맛자락을 계속 그렇게 붙들고 있으면 안 돼, 이 철없는 것아. 넌 대체 무슨 생각을 하니? 어른을 네 맘대로 하고 싶은 거니? 그런 생각 없는 짓이 어디 있어! 그 작은 머리로 잠만 자지 말고 생각을 좀 해봐. 그러려면 이제 너를 혼자 두어야겠다. 당장 그 손 엄마한테서 놓아, 이 버릇없고 성가신 것아. 내가 너한테 화를 내는 데는 그만한 이유가 있고, 나는 그래야 한다고 생각해. 이젠 진짜 너하고 솔직하게 얘기해야겠다. 그렇지 않으면 너는 평생 엄마한테만 의존하는 바보가 될 거야. 네가 엄마에 대한 사랑을 알려면 스스로 독립해야 하고, 낯선 사람들 밑에서 일하면서 일이 년 동안, 아니 그보다 더 오래 험한 소리를 들어봐야 해. 그래야 엄마가 너한테 어떤 사람이었는지 알게 될 거야. 나는 늘 네 주변에 있을 뿐이지 사실 너한테 낯선 사람이야. 애야, 너는 아무 수고를 하지 않아. 수고가 뭔지도 몰라. 당연히 애정이 뭔지도 모르지, 고약한 녀석. 내가 항상 네 곁에 있기 때문에 넌 생각을 안 해. 단 일 분도. 그게 너를 '생각 게으름뱅이'로 만들었어. 넌 일을 해야 해. 그건 네 마음 먹기에 달렸고, 넌 그렇게 해야 해. 내가 여기 디아즈가 그린 숲에 너와 함께 서 있는 것처럼 너도 네 밥벌이를 하러 가야 해. 그래야 엄마 속이 썩지 않아. 많은 아이들이 거칠게 구는 건 너무 오냐오냐하는 분위기에서 커서, 생각하고 고마워하는 법을 배운 적이 없기 때문이야. 그런 아이들은 나중에 겉만 번드르르한 어른이 될 뿐 사실은 모두 이기적인 인간이 되고 말아. 엄마가 너를 이렇게 거칠게 다루는 것도 모두 네가 못나지 않고, 어리석음에 빠지지 않게 하기 위해서야. 너무 정성스럽게만 보살피면 양심 없고 태평한 인간이 되기 마련이거든."

이 말을 들은 아이는 겁에 질려 눈을 동그랗게 뜨고 몸을 파르르 떨었다. 디아즈 숲의 나뭇잎도 파르르 떨었다. 그러나 힘센 나무줄기는 단단히 버텼다. 바닥에 떨어진 나뭇잎이 속삭였다. "이 짧은 글에 적힌 내용은 겉으론 매우 단순하지만, 이 단순하고 쉽게 이해할 수 있는 내용이 인간 오성에서 완전히 동떨어져 있어서 큰 수고를 들여야만 이해가 되는 시절이 있지." 나뭇잎은 이렇게 속삭였고, 엄마는 갔고, 아이는 혼자 서 있었다. 아이 앞에는 이제 하나의 세계이기도 한 이 숲에서 제대로 길을 찾아나가고, 아무리 사소한 일이라도 자신의 견해를 가지는 법을 배우고, 그것이 마음에 들도록 자만심을 몰아내는 과제가 놓여 있다.

1924~25년경

여기 작은 숲에서

여기 작은 숲에서
햇빛은 나를 벌써
스무 해 넘도록 보았다.
무수한 세월이
이 초록빛 공간 위로
흘러갔다.
시간은 가장자리도 경계도 없는데
우리네 짧은 삶은
그에 비하면 얼마나 하찮은가.
예감으로 둘러싸인 우리, 우리는.
우리가 땅에 오자마자
경건한 수녀들이 우리를 보살피고,
우울한 생각들이 우리를 찾아온다.
겸허하면서도 자긍심 강한 백조들,
그 깃털이 아이처럼 아름답게 미소 짓는다.
내가 다시 보러온 것을 이 땅은 기뻐한다.

그러나 얼굴에는

원망의 낌새가 보이고,

나는 어떤 얼굴에 인사해야 하고

인사하고 싶지 않은가?

나도 그렇고 주변도 무척 고요하다.

1924~25년경

전나무 한 그루 엄숙하게 서 있네

전나무 한 그루 엄숙하게 서 있네,
그 가지 품위 있게 늘어뜨리고 있네,
지금껏 자잘한 즐거움 하나 누리지 못했더라도
전나무가 통곡하고 애원하는 일은 없네.

우리의 수고가 무엇을 불러오더라도,
우리가 우리의 대상을 무엇으로 예찬하더라도,
전나무는 울림은 그리 풍성해 보이지 않고,
자신의 특성을 뽐내지 않네.

전나무는 절제된 초록 옷을 입고,
대담하기보다 사려 깊어 보이고,
따뜻함과 차가움의 결합을 보여주네.

전나무는 늘 홀로 자기 책임하에 서 있고,
그 때문에 절박함이 산산조각 날 때가 많지만,

발갛게 달아오를 때도 조심하는 존재이네.

1925년경

숲속은

아, 이곳 숲속은!
작은 섬과 묘지,
무수한 길이 있고,
귀엽게 차려입은 양치기들이
자신들의 주인인 나긋나긋한 양들 옆에 누워
시를 낭송해주고,
야영하는 아가씨들은
고단하게 이끼에 누운 채
낭만적인 사랑을 꿈꾸며
장갑 낀 손을 가슴에 대고,
그 가슴속에서는
사랑과 기사도에 관한 모든 이야기가
사실인 양
새롭고 부활하고,
돈키호테가 강도의 우두머리와 이야기를 나누고,
헐떡거리는 말을 타고

덤불숲에서 나온 처녀가

질투심에 휩싸여

애인을 쏘아 죽인 것을 후회하는 듯한

아름다운 감정들이 잉태되고,

성직자들과

예절과 교양, 그리고

아늑하고 단정한 모든 것이

즐겁게 원을 그리며 나직이

속삭이는 이곳 숲속은,

그래, 아름답구나.

1925년경

피조물

밤중의 숲에서는 동물이 바스락거리고,
우리처럼 숨을 쉰다.
당신들도 느꼈는가,
수많은 상처를 가진 이 존재를,
고요한 산중의 시간에,
산의 찬 공기 속에서,
이 자연에서, 이 무덤에서?
나에게 화내지 마라,
나를 비롯해 수많은 입이
너를 욕한다 해도.
나는 여전히 너를 숭배한다!
모든 사람은 자신과 싸우고,
불만의 정점에서
천천히 계곡으로,
혀처럼 좁은
사고 전환의 오솔길로 내려오고,

누구나 마음속에서

멀리 떠났다가

약간의 행복 속으로 돌아와

허구의 상황과 작별을 고한다.

너는 숲속에서

커다란 눈이 서 있는 것을 보았는가?

훈족의 전투를 무표정하게 함께 지켜보았던?

어젯밤 나는 그 눈 곁에 있었다.

지금은 여기 앉아 있다.

열차는 대지를 횡단하고,

배는 바다 위를 질주한다.

1925년

호들러의 너도밤나무 숲

나는 아침 식사를 근사하고 즐겁게 마쳤지만, 여리디여린 사람들이 거친 근심을 어깨 위에 잔뜩 짊어져야 하는 이 시간에는 그런 말을 크게 해서는 안 된다. 나는 자기 시대의 절정에 서 있는 듯한 사람의 발걸음으로 오스카르 비더[*]의 기념비로 갔고, 그것을 한 바퀴 돌면서 무언가 아름다운 느낌을 받았다. 짧은 소견이지만, 교구나 국가가 한 예술가에게 의뢰해 이런 곳에 세운 예술 작품에 대해서는 일단 존중심을 갖는 것이 좋다. 여기 사는 사람들 대부분은 항상 곧장 참견하려 하고, 무언가에 대해 자신의 입장을 내놓으려 한다. 마치 모든 작품이 자신들에게 바로 이해되어야 하고, 그렇지 않으면 그에 대해 악평할 권리가 있기라도 한 것처럼.

---

[*] Oskar Bider(1891~1919). 스위스의 비행 선구자. 1913년 파리에서 베른까지 최단 기록으로 논스톱 비행에 성공했고, 1919년에는 스위스 일주에 성공했다. 같은 해 7월에 비행 중 사고로 사망했다.

페르디난트 호들러 Ferdinand Hodler, 〈너도밤나무 숲 Der Buchenwald〉(1885)

이윽고 나는 한 회화 복제품이 전시되어 있는 서점 진열창에 이르러 흐뭇하게 그 앞에 걸음을 멈추었다. 그것도 어쩐지 젊어진 기분으로 말이다. 비더 기념비 앞에서 내가 풀어놓았던 비판 때문에 아직도 속에서는 웃음이 나왔다. 거기엔 굉장히 웃기는 표현들이 있었다. 나는 예전에 이 그림의 원본을 어느 부인의 집에서 본 기억이 났다. 그것도 하녀의 방에서 말이다. 하긴 어디든 걸기는 걸어야 했을 것이다. 집은 뛰어난 그림들이 넘쳐났고, 이 모든 게 자기 개인 소유라고 말하던 부인은 예쁜 인형처럼 꾸미고 있었다. 나는 이 작은 인형과 함께 차를 마셨다. 흠잡을 데 없는 나의 연기는 볼 만했다. 얼마 뒤엔 내용물이 풍성한 빵도 나왔다. 나는 빵을 먹으면서 슈피텔러[*]를 화제로 삼았고, 저택

---

[*] Carl Spitteler(1845~1924). 스위스 시인이자 소설가.

을 나왔을 때 함께 갔던 친구는 다른 사람도 아니고 내가 그렇게 예의 바르게 행동할 줄은 전혀 예상하지 못했다며 놀라워했다. 그런 내가 이제 그 그림의 복제품을 바라보았고, 그 와중에 속에서 이런 외침이 들려왔다. '아주 훌륭한 그림이야!'

거기엔 겨울철 앙상한 너도밤나무 숲의 특징이 기가 막히게 묘사되어 있었다. 호들러의 그림이었다. 하지만 다른 사람, 아니 그보다 훨씬 덜 유명한 사람의 작품이었다고 해도 그 가치와 향유의 기쁨은 줄어들지 않았을 것이다. 나무줄기는 밝고 늘씬하고, 여기저기 나풀거리는 잎이 여러 장 달려 있다. 우리가 흥겹게 느끼는 겨울 상태에서 나뭇잎이 바스락거리는 소리가 들리는 듯하다. 하지만 이 그림은 숲을 그렇게 잘 대변하지 못한다. 작은 너도밤나무 숲으로는 강렬한 인상을 주기 힘들다. 그 때문에 그림은 전망이 멋진 망사르드 지붕의 다락방으로 올라갔을지 모른다. 그 방 아래쪽에는 호수가 비단처럼, 혹은 더없이 품위 있게 반짝거리는 여인의 옷처럼 펼쳐져 있었다. 나는 여기 서점 진열창 앞에서 그 그림을, 아주 강한 바람은 아니지만 싸늘한 겨울바람이 부는 숲 그림을 다시 발견했다. 놀라운 것은, 당신은 보지 못하겠지만 추위와 찬바람이 그림 속에서 느껴지고, 마른 나뭇잎이 팔랑거리는 모습도 표현되어 있으며, 숲이 겨울의 푸름에서 초록빛으로 넘어가는 서늘한 푸른빛 하늘 앞에 서 있다는 것이다. 이것은 그렇게 설득력 있는 예가 별로 없을 만큼 탁월한 관찰력과 생생한 체험의 산물이다.

이 그림이 내 것이었다면 나 역시 아마 망사르드 지붕의 다락방에 걸어두었을지 모른다. 살롱 그림은 아니기 때문이다. 이리도 경이롭게 겨울을 묘사한 그림을 보고 있으면 나도 모르게 두 손을 주머니에 찔러 넣게 된다. 한 남자가 숲에서 일하고, 우리는 그것을 보고 느낀다. 숲의 바닥은 얼어붙었고, 우리는 저 멀리, 숲을 지나 저 멀리 바라본다. 시선은 숲에서 아득히 먼 곳으로 날아간다. 이것으로 나는 이 그림에 대해 말할 수 있는 모든 것을 말하지는 않았을 것이다. 다만 지금까지 말한 것만 갖고도 내가 이 그림을 얼마나 경탄하는지 여러분도 분명 느낄 것이다.

1925년

이제 나무들을

이제 나무들을 사랑스러운 초록빛 물결이
하나로 연결하면 우리는 기뻐하고,
대담하고 기묘하게 크고 둥근 꼭대기는
우뚝 솟고, 생명의 우듬지에선
안개가 피어오르고, 독자들은 맨발로 죄책감을 느끼며
신전 앞에 서 있는 것 같고,
갈라진 틈들은 그를 부르는 듯하고,
높은 곳은 구름에 덮인 채 고요히
갈라지고, 떨고, 살랑거리고,
높이 쌓인 돌들에서,
숲의 노래들에서
오래되고 새로운 길들이
아래쪽 들판으로 이어진다.
그러나 사랑스러운 아이야,
낮은 곳에서는
굴종을 강요하는 채찍이 움찔거린다.

매혹되는 것은 유익하지 않지만,

유익한 것도 매혹적이지 않다.

1926년경

숲가의 객잔

나는 만족스러운 표정으로, 그러니까 너무 행복해 보이지는 않게 가식적으로 약간의 불만을 담은 기색으로 어느 멋진 숲 가장자리 객잔에 앉아 있었다. 그 아름다움으로 인해 내가 벌써 여러 번 돌아다닌 숲이었지만, 그에 대해 굳이 자부심까지 갖고 있지는 않다. 그건 겸허한 마음으로 인정한다. 내가 만족스럽게 먹고 마신 뒤 자연을 사랑하는 장사꾼처럼 굴고 있을 때 문이 벌컥 열리더니 한 남자가 들어와 소리쳤다.

"그가 다시 이기적이지 않은 사람으로 돌아갔으면! 예전에는 안 그랬는데!"

남자는 이 말과 함께 옆방으로 들어갔다. 객잔 주인이 빙그레 웃으며 내게 다가와 물었다. 혹시 내가 숙녀들이 열심히 찾던, 그 도망친 젊은이가 아니냐고. 이 말에 내가 생각해낸 대답은 이랬다.

"저는 예전에 베르타 폰 주트너 부인의 반전反戰 소설 『무기를 내려놓자』를 읽은 적이 있습니다."

"아, 그래요? 그렇군요!" 주인은 이 말끝에 이렇게 덧붙였다. "친절하신 데다 재치까지 있군요. 척 보고 알았어요."

객잔 창문 앞에는 숲속 나뭇잎들의 신비롭고 쾌활한 삶이 펼쳐져 있었다. 놀랍도록 크고 넓은 숲이었다. 이제 두 여성이 춤을 추며 다가왔다. 마치 춤이 경외심을 불러일으킨다는 사실을 아는 사람들처럼. 이건 그들의 생각이 맞았다. 그들의 춤추는 모습에서는 절제와 품위가 우러나오는 듯했기 때문이다. 우연히 그 자리에 있던 한 신사는 흐뭇한 표정으로 콧수염을 쓰다듬었다. 농부 두 명은 곡물 가격에 대해 이야기했고, 밖에서는 한 아이가 큰 소리로 까르르 웃었다. 마치 영웅들의 초상화로 장식된 방 안에 보석처럼 낭랑하게 울리는 웃음소리 같았다. 순간 하필 내게서 몇 가지 금언이 흘러나왔다. 이런 즐거움에 나도 내 몫을 다해야 한다고 생각했기 때문이다. 문득 내가 한때 사랑 같은 이야기가 많이 나오는 목가소설을 쓰려고 했다는 생각이 떠올랐다. 그사이 잘생긴 청년 하나가 우리 자리에 합류했다. 우아한 숙녀들이 그렇게 애타게 찾던 사람이었다. 이 재회의 기쁨을 못 이겨 객잔 주인이 흥겹게 춤을 추기 시작했다. 그것을 지켜본 사람이라면 누구나 그가 장삿속으로 자기 임무를 다하고 있음을 알 수 있었다. 나는 딴청을 부리려고 주머니에서 신문을 꺼내 읽는 척했다. 그전에 한 글자도 빼놓지 않고 읽어서, 모르는 내용이 없는데도 말이다. 한 기사는 삶의 기쁨을 누리는 11세기에 관한 내용이었다. 베르타 폰 주트너의 방송과 관련해서 나는 음식점에 있는 모든 사람에게 물었는데, 아주 훌륭한 아이디어도 실패할 수 있다는 건 인간적으로 이해할 수 있다는 대답이 돌아왔다. 숙녀들은 미소를 지었지만, 객잔 주인은 나에게 할 말이 있다는 듯 고개를 저었다.

"보시게, 친구, 적어도 지금은 이 즐거운 소풍 분위

기를 깨지 마시게."

콧수염을 기른 낯선 사람이 자신의 견해를 내놓았다.

"이 사람은 진지하게 행동해야 한다고 생각하나 봐요. 우리가 너무 태평한 사람이라고 볼까 봐."

선량하게 생긴 두 사람의 부탁으로 그들의 직원처럼 보이는 남자가 순순히 피아노 앞에 가 앉더니, 능숙한 손놀림으로 반주를 넣으며 감동적인 노래를 불렀다. 뭔가 남들과는 다른 분위기를 풍기는 손님이 한 테이블에 앉아 있었는데, 나는 그가 배우일 거라고 짐작했다. 노래는 마치 시골풍으로 파티를 즐기는 사람들의 모습을 담은 액자 같았다. 여기저기서 주문이 비둘기처럼 날아올랐고, 주인은 분주하게 이리저리 쫓아다녔으며, 여종업원은 상큼하게 미소 지으며 주문받은 것을 손님들에게 날라주었다. 잔들이 맑은 소리를 내며 부딪쳤고, 나이프와 포크는 부지런히 움직였다.

보라, 친애하는 독자들이여, 사람을 기분 좋게 하는

글은 이렇게 쓰는 법이고, 나는 이 글이 그런 예가 되길 바란다.

1926~27년경

사랑 같은 무언가가 숲을 가로질러
희미하게 빛난다

사랑 같은 무언가가 숲을 가로질러 희미하게 빛난다.

나는 마치 장 파울의 어린 고트발트*인 양

자기들 방식으로 시이고 이야기인

미소 짓는 침묵의 형체들에게 인사하고,

다정한 얼굴로

미지의 것들에게 말을 건넨다.

이걸 뭐라 부르고,

뭐라 해야 할지 모르지만

그들 또한 수다스러운 입을 갖고 있지 않을까?

한 소녀가 우유 탄 커피를 홀짝거리는 나를 보았고,

나는 이제 즐거운 것이 수두룩한

신전 홀을 거닐고,

어린 새들의 합창을 즐긴다.

---

* 장 파울의 소설 『개구쟁이 시절Flegeljahre』에 나오는 등장인물.

지휘자는 누구인가?

흉내 낼 수 없을 만큼 가벼운 노래들을

새의 무수한 깃털과 하나 되게 할 만큼

재능이 뛰어난 이 가수들을 이끄는

지휘자의 이름은 무엇인가?

숲에 사는 침묵의 존재들이다.

새들의 세계와 우정을 맺은 존재들이다.

1927년경

풍경을 바라보는 것은

 풍경을 바라보는 것은 단단히 고정되거나 굳건한 것보다 움직이는 것이 더 우아하고 아름답고 고상할 수 있음을 관찰할 좋은 기회다. 방금 나무와 어린나무 들이 바람에 흔들린다. 이유는 누구나 곧장 인지할 수 있을 만큼 단순하다. 그것들이 단단히 버티고 있기 때문이다. 나무가 바람에 얼마나 굴복하느냐에 따라 흔들림이 생겨난다. 만일 그것들이 뿌리를 내리지 않았다면 나뭇잎은 살랑대지 않을 테고, 그 소리도 들리지 않을 것이다. 소리는 나뭇잎의 살랑거림에 좌우되고, 살랑거림은 흔들림에, 흔들림은 한곳에 뿌리를 내리고 자라난 물체에 좌우된다. 후딱 지나는 아름다운 구름은 고정되어 있지 않고, 그 때문에 흔들림을 만들어내지 않는다. 산 위에 웅장하게 펼쳐진 구름은 헤엄치는 백조나, 미소 짓거나 어떤 동작을 취해야 하는 여인처럼 보인다. 아름다움과 부드러움, 높음의 최고봉은 조용한 순응의 총체성에 있다. 예를 들면 저 높은 이념이나 선행, 정의, 사랑의 경우처럼. 최고의 이해는 근원적 세계의 바람을 타고 들리지 않을 만큼 나직이 움직인다. 그러나 정지한 것, 지속적인 것, 살아 있는 것에 저항하거나 적대하는 현상들, 파악할 수 있는 것, 파악할 수 없는 것, 이 모든 것은 존재하고, 서로를 아주 잘 알고 보완해주는 듯하다.

1927년경

숲 2

봄의 숲은

머뭇거리는 질문 같다고 말하고 싶다.

여름 숲의 매력에 빠지지 않으려는 자 누구인가?

나는 언젠가 산비탈에 몸을 쭉 펴고 누워 있었다.

한 화가가 그런 나를 그렸고,

그때부터 나는 몽상가로 알려졌다.

오, 가을 숲은

오직 신의로만 단장한 영혼처럼

어찌나 진실해 보이는지!

새 책들은 때로 몇 년이 지나서야

다시 새로워진다,

누구의 손도 개입하지 않는데도.

햇빛이 비치는 청명한 겨울날,

밤새 얼어붙은 서리는

백발노인처럼

얼마나 찬란하게 숲을 장식하는가!

계절마다 숲은

새로운 옷으로 갈아입고,

유심히 생각하지 않다가

자신의 실수를 즐겁게 용서하는 사람은

나날이 똑똑해진다.

1928년

숲에서 책을 읽다

300페이지 분량의 소설에 등장하는 그녀의 이름은 쾨슬리였다. 나는 숲속 한 커다란 태곳적의 바위에 앉아 책의 내용을 음미했다. 그전에 나는 오솔길을 따라 걷다가 선사시대의 이 말 없는 증거와 마주쳤는데, 도중에 굽잇길에서 한 무리의 집시를 만나기도 했다. 쾨슬리는 재미있고 짓궂고 변덕스러운 성품에다 꽤 아름다운 코를 갖고 있고, 구식 헤어스타일을 하고 있었다. 그런데 250페이지까지는 사실 내게 그리 큰 관심을 불러일으키지 못했다. 그러다 불현듯 꽤 매력적으로 비칠 때도 나는 곧 그녀에게 실망하게 되리라는 확신이 있었다. 쾨슬리에게는 튀피라는 여자 친구가 있었는데, 쾨슬리도 튀피도 한 뜨내기 남자를 동시에 사랑했다. 그들은 방랑을 모르는 다른 남자, 말하자면 믿음직스럽고 착실하고 유능하고 쓸모 있는 남자를 좋아하지 않았다. 평생 소설 한 권 읽지 않거나 마음에 품을 줄 모르는 남자였기 때문이다. 어쨌든 그 남자는 도저히 용서가 안 될 정도로 메마른 사람이었고, 두 여자는 당연히 그에 대한 책임을 그 남자 자신에게 물었다.

책은 끝부분에 이르러서야 흥미로워졌다.

독서에 빠져 있던 내 머리 위 전나무 가지들 사이에서 작은 새 한 마리가 애타는 그리움으로 흐느껴 울고 있었다.

"넌 나보다 예민하지 않으니까 재미없는 남자와도 결혼할 수 있어." 쾨슬리가 튀피에게 말했다.

튀피가 대답했다. "그러려고. 난 모범적인 일상에 만족하려고 노력할 거야."

튀피의 마음속에서 뜻밖에 순응하는 마음이 일었고, 쾨슬리는 자신이 달갑지 않게 얻어낸 이 순응 앞에서 진심으로 고개를 숙이지 않을 수 없었다.

한 아이, 한 소년, 한 소녀, 한 여자, 한 청년, 한 남자, 한 노인, 한 노파가 차례로 바위 옆을 지나갔고, 바위는 이들의 지나감에 무덤덤했다.

"튀피, 화났어?" 쾨슬리가 물었다. 튀피는 뭐라고 대꾸하는 대신 누가 봐도 상냥한 표정으로 쾨슬리에게 손을 내밀었고, 그로써 둘의 결혼 문제는 정리되었다.

질투를 하지 않는다는 것은 무척 어렵지만 아름답다.

1928년경

숲의 축제 2

 나는 이번 일요일엔 활기차지 않았다. 처음엔 어딘가에서 케이크 한 조각을 먹었다. 술은 마시지 않기로 했다. 일요일마다 술로 보상을 주는 건 쓸데없다고 생각했다. 술을 마시지 않은 상태였기에 이번에는 매혹적인 산문이 나오지 않을 것이다. 그건 장담할 수 있다. 어떤 부인도, 어떤 처자와 어떤 소녀도, 어떤 창백하고 예민한 소년도 내 발걸음이 뜻하지 않게 이른 어떤 사람들에 관한 글로 마음을 빼앗길 기회가 이번에는 없을 것이다.

 일요일 내내 내 발걸음은 작은 발걸음이었고, 사려 깊은 태도에 나 스스로 박수를 보냈다. 그러다 무슨 소리가 들렸다. 행운의 추첨판이 돌아가는 소리였다. 추첨판은 처음엔 삐걱거리며 돌다가 속도가 붙으니 쌩쌩 소리가 났다. 누군가 추첨판을 돌리고 있었다. 나는 이 사실이 기뻤고, 기쁨은 소소하고 짧았지만 건강했다. 나는 지루하되 지루하지 않게 서서, 나 자신이 그렇게 당당하고 꼿꼿이 서 있을 수 있는 사람이라는 생각에 기분이 좋아졌다.

땅바닥은 말랑말랑하고 깨끗했다. 나의 지루함은 풍요로운 지루함이었고, 그것이 무척 마음에 들었다. 오락거리가 부족한 환경 때문에 지루한 것이라면 나 자신에게 지루한 것보다는 훨씬 나았다. 행운에 당첨된 사람에게는 맥주와 과자 교환권이 제공되었다. 나는 과자는 포기해도 되지만 맥주 한 잔 정도는 괜찮지 않을까 생각했다. 내가 숲의 축제로 빠져들고 있다는 확신이 속에서 서서히 생겨났다. 지금껏 나를 속인 적이 없는 확신이었다. 나는 이제 부드러운 눈길로 주위를 둘러보았다. 너무나 분명한 다정한 감정과 함께 재미있고 사랑스러운 것들이 발견되었다. 아, 나는 이 말을 얼마나 꾸밈없이 솔직하게 털어놓고 있는가! 나는 다가오는 일요일의 환한 분위기를 반갑게 맞으면서도, 동시에 그 자체로 명백하게 아름답고 온당한 이 감정이 너무 과하게 부풀어 오르지 않도록 주의했다.

이젠 맥주를 한 잔 더 마시는 것도 근사하게 느껴졌다. 한 소녀에게서는 과자를 사기도 했다. 이따금 행운의 추첨판이 다시 굴러가는 소리가 들렸다. 나무의 모습을 비추는 연못이 지척에서 매력적인 자태를 뽐내고 있었다. 악단은 음악을 연주했고, 자기 임무를 마친 뒤에는 갈증을 느꼈다. 잔에 담긴 맥주는 그에 합당한 모습을 띠고 있었다. 여인네들의 치마 밑에서는 강아지들이 뛰어다녔고, 여기저기 서 있거나 누워 있는 사람들 머리 위에는 나뭇가지가 드리워져 있었다. 추커슈토크*는 모자걸이용으로 쓰였다. 어딘가에서 고리 던지기 놀이를 하고 있었는데, 누군가 던진 고리는 갈고리에 걸리기도 하고 미끄러져 떨어지기도 했다. 테이블에서는

---

* Zuckerstock. 원뿔 모양의 길쭉한 설탕 덩어리.

사람들이 빵을 잘랐다.

누군가 말했다. "소시지를 먹었더니 목이 말라. 한잔 해야겠어."

나의 행복감은 줄어들지도 커지지도 않은 채 30분 동안 똑같은 크기로 지속되었다. 축제 구경에도 대략 그 정도 시간이 걸렸다. 모든 행복이 이미 얻은 것과 다를 수는 없고, 다를 필요도 없다. 혹자는 시인이 열정적으로 시를 쓸 생각을 하지 않고 이렇게 사소한 것에 행복감을 느끼는 것을 좋아하지 않을 수 있다. 그럼에도 나는 이 풍경의 스케치가 마음에 든다고 얼마든지 말할 수 있다.

1928~29년경

카를 발저 Karl Walser, 〈바이센슈타인 산에서 바라본 알프스 전망 Aussicht auf die Alpen (Blick vom Weissenstein)〉(1899)

숲에서

문 옆의 격자 울타리처럼
전나무가 높이 솟아 있다.
숲에서 볼 수 있는 것이라고는
쭉쭉 뻗은 나무 말고 뭐가 더 있을까?

낮이 가고 곧 밤이 온다.
나는 숲이 어두워지기 전
전나무 사이를 걷다가
나중에 말없이 빠져나온다.

삶의 별이 나를 어디로 인도할지는
나도 가끔 궁금하지만
쭉 뻗은 나무들 사이에서
기분 좋게 꿈꾸는 것은 아름답구나.

1930년경

산책 2

숲은 다채로운 화려함을 뽐내며 웃고 있었다. 침실에서 아름답게 차려입고 신랑이 오기만을 기다리는 헝가리의 신부처럼.

야생이 만들어낸 울창한 공원에서는 유연한 발로 어슬렁거리는 인도호랑이라도 온갖 다양한 색감의 나뭇잎에 가로막혀 자신의 상징인 줄무늬 장식을 더는 과시할 수 없을 것이다.

그린란드의 전설과 만년설을 연상시키고 우뚝 솟은 신전을 닮은 알프스 봉우리들이 처녀의 순결한 눈으로 아늑한 초록빛 숲을 들여다보고 있었다. 내가 나 자신에게 부드러우면서도 힘차게 안으로 발을 들이도록 허락한 숲이었다.

때때로 나는 우두커니 서서, 어떤 콜럼버스도 아직 발견하지 못한 아메리카 대륙 같은 내 마음을 들여다보았다.

나는 멀리서 왔고, 그만큼 다시 멀리 가기로 실제로

단단히 마음먹은 듯했다. 마치 내가 막 발을 들여놓은 호주 땅을 파란 눈이나 갈색 눈으로 바라보고 있는 것처럼.

처음에는 상상 속에서 키르기스스탄의 대초원을 지나고, 뾰족하게 솟은 봉우리가 하늘 가장자리에 닿아 있는 아르헨티나 산을 오르는 것으로 만족했다.

내 마음은 낙원의 새들과 서먹하면서도 신뢰감을 불러일으키는 우정을 맺었다.

나는 자연의 신성에 허리 굽혀 경의를 표하면서 일본 사람들처럼 동양의 종교와 종교적 형상들에 파묻혀 살고 싶다는 생각이 들었다. 그때 유쾌하게 걸어오는 사냥꾼을 만났다. 전형적인 게르만족의 얼굴에 깃털로 장식한 모자를 썼고, 냉철하고 꼼꼼하게 숙고하면서도 가정적인 생활 방식을 유지하는 독일을 연상시키는 남자였다.

많은 목표를 쉴 새 없이 뒤쫓는 사이, 오래지 않아

티치아노의 숨결이 배어 있는 듯한 한 언덕에서 이탈리아를 떠올리게 하는 만돌린 연주가 주의 깊게 깨어 있던 내 귀에 들려왔다.

다른 한편, 나는 언제든 읽을 수 있게 노르웨이 사실주의 소설 한 권을 인쇄본이나 가제본으로 늘 주머니에 넣고 다녔다. 가끔 즐거움과 유익함을 얻기 위해.

러시아의 경이로운 광활함이 군데군데 자작나무로 장식된 평원의 형태로 내 머릿속에 그레이하운드처럼 매끈하게 떠올랐는데, 그럴 때마다 내 속에서는 강인한 굳건함과 명랑한 인내심이 되살아났다.

내 속에서 필요한 것은 저절로 생겨났고, 필요하지 않은 것은 그대로 묻혔다. 나는 일구지 않은 논밭 같은 나의 고단함을 예쁘고 부지런한 흑인 여자 같은 나의 지치지 않은 끈기로 일구어나갔고, 그러다 이윽고 어느 집 앞에 이르렀다. 스페인 사람처럼 생긴 처자가 문 앞에 서 있는 것이 객잔 같아 보여 나는 안으로 들어갔다.

안에서 나는 힘든 방랑길을 견뎌내고 심적인 어려움을 이겨낸 것에 대한 보상으로 와인 한 잔을 마시며 원기를 되찾았다.

1931~32년경

숲

 일요일 오후 숲을 거닐던 그녀는 머리가 길었다. 숲가에는 레스토랑이 있었다. 산책을 즐기던 그녀는 이따금 어느 방향으로 가야 할지, 아니면 유혹적일 만큼 푹신한 바닥에 앉아야 할지 고민했다. 온갖 생각이 그녀를 사로잡았다. 무엇보다 지금까지 살아온 삶을 돌아보았다. 지금 이 순간은 얼마나 기이한가! 여기 잎이 뾰족하거나 넓은 나무 밑에서 체험하는 이 순간이 그녀에게는 햇빛 찬란하면서도 동시에 어둡게, 아니 거의 한밤중처럼 캄캄하게 느껴졌다. 그녀의 희망은 어디로 흘러갔을까? 자신을 둘러싸고 있다고 믿은 신뢰의 빛은 어디서 왔을까? 환희 같은 무언가가 그녀 앞에서 반짝거렸다. 그녀는 다시 무언가 무거운 것과 싸웠다. 마음을 진정시킬 때처럼 손을 가슴에 얹은 채.

 그녀의 몸을 감싼 옷은 퍽 수수해 보였다. 그녀의 영혼은 아직 레스토랑에 머물러 있었고, 거기서 흘러나오던 음악 소리는 여전히 솜털이 가시지 않은 귀에 쟁

쟁거렸다. 그녀는 레스토랑 야외 테이블에서 자신이 숭배하는 남자와 함께 앉아 커피를 마시고 휘핑크림을 얹은 케이크를 먹었다. 그때만 해도 목표가 이루어졌고 자기 개인과 관련된 문제가 해결되었다는 생각에 빠져 있었다. 그러던 그녀가 이제 혼자 나뭇가지 아래 서 있었다. 머릿속이 복잡하게 뒤엉켜서 일이 왜 이 지경이 되었는지 도저히 답을 찾을 수 없었다. 어느 모로 보나 그는 상냥하게 굴지 않았다. 그녀와 함께 앉아 있던 테이블에서 일어날 구실을 찾고 있었던 게 분명했다. 그런 일은 자주 있었다. 그녀도 그런 무심함을 경험하기도 했다. 이제 그녀는 은빛 감도는 푸른색과 꿈같은 초록빛 숲 공기에 마음을 활짝 열고 시적 분위기에 푹 젖어 다음의 시구를 읊조렸다.

  쓸모없고 오해받는 내가 여기서
  도저히 닿을 수 없는 것과

매력적이고 가벼운 것들을 들여다본다.
내 기분을 맞춰주고 나를 매혹하는 것들이여!

이해할 수 없지만, 내가 여기서 아름답다고
느끼는 것들은 어찌 이리 아름다운지!
달콤한 향기, 조용한 바람,
편안하고 부드러운 빛.

나는 얼른 거닐고 싶고,
빠른 다리로 걷고 싶고,
여기저기
아름다운 대상 곁에 머물고 싶다.

하지만 생각보다 빨리
내 소망은 멀리 달아나버린다.
나는 내게로 관심을 돌려

나 자신에게 만족한다.

1933년

숲에서

가끔 얼마나 아늑한 느낌이 드는지!
자주 그랬듯이
고요하고 사랑스러운 숲에 서서
주위에 온통 아름다운 것만 보일 때면.

크게 착각하는 것이 아니라면,
여기저기 숲을 거닐 때면 나는
마치 온통 햇빛으로 칠해놓은
방 안에 있는 느낌이 든다.

숲은 자기만의 다정함을
흔쾌히 내게 모두 보여주려 하고,
내가 가식만 벗는다면 결코
나를 지루하게 하는 법이 없다.

무수한 잎사귀를 품은 숲을

나는 즐거운 마음으로 선택했다,

향기로운 나무들 사이에서

시간을 낭비하고 꿈을 꾸기 위해.

1930~33년경

카를 발저 Karl Walser,
〈속표지 목판화 Frontispiz〉(1905)

엮은이 후기
초록, 초록, 어디로 눈을 돌리건 초록빛

로베르트 발저의 쓸모없는 인간, 방랑자, 한가한 산책자는 "낭만적인 독일 숲과 계곡"(베냐민)의 직접적인 소산이 아니다. 하지만 그의 많은 글을 보면 숲은 낭만주의와 마찬가지로 무의식적인 것의 영역으로 볼 수 있다. 바람에 일렁이는 숲, 아이헨도르프Joseph von Eichendorff의 시에 나타나는 영혼의 메아리 공간으로서 숲, 루트비히 티크Ludwig Tieck의 동화에 담긴 숲의 고독, 그림 형제가 쓴 잠자는 숲속 공주의 숲, 그리고 더 나중에 고트프리트 켈러Gottfried Keller의 소설에 나오는 숲도 이 스위스 작가에게는 무척 친숙했다. 발저의 많은 숲 텍스트는 때로는 위험하지만 대개는 여성적이고 매력적인 에로티시즘을 다룬다. "숲은 넓고 살갑고 관능적인 전체로서 우리의 땅을 지배한다." 발저의 첫 책 『프리츠 코허의 작문Fritz Kochers Aufsätze』(1904)에 수록된 「숲Der Wald」에 나오는 대목이다. 이런 글들이 발저의 문학 창작 활동이 끝날 때까지 보여주는 다양성은 무척 놀랍다. 그의 글은 유혹과 위험이라는 양가감정을 깔고 있고, 대부분 '간접적으로', 그러니까 신문이나 예술 작품, 문학작품에서 소재와 자극을 얻는다. 연대순으로 정리된 이 책은 신문 문예란에 기고한 글을 비롯해 발저 생전에 출간되지 않은 글까지 모아놓았다. 하나같이 숲이 그에게 얼마나 중요한지를 보여주는 글이다. 베를린에서 6주 만에 쓴 그의 첫 장편소설 『타너가의 남매들Geschwister Tanner』(1907)에서부터 『마리. 노벨레Marie. Eine Novelle』(1916), 『산책Der Spaziergang』(1917)을 거쳐 미공개 소설 『도둑Der Räuber』에 이르기까지 숲은 많은 작품 속에 깊숙이 스며들어 있다.

독서의 숲

발저는 1900년경 「숲 1」이라는 시로 시작하는데, 이 시부터 이미 다독자의 폭넓은 스펙트럼을 보여준다. "나는 이 숲에 들어왔고 / 지금은 이곳을 벗어날 수 없다. / 평온은 끝났다. / (…) / 나는 이 숲과 사랑에 빠졌고, / 내 심장은 수천 조각으로 산산이 부서져 / 이리저리 헤매다 모든 것에 황홀하게 매달린다." 이것은 더는 상세히 규정할 수 없는 한 서정적 자아의 자기진단으로 들리는데, 괴테의 『파우스트 1부』에서 파우스트와 메피스토펠레스가 담판을 벌이는 「숲과 동굴」 장에 이어 그레트헨이 내뱉는 독백과 매우 비슷하다. 그레트헨의 탄식은 쓰라린 종말의 시작이나 다름없다. "내 평온은 끝났다 / 내 가슴은 무겁고 / (…) / 그가 없는 곳은 / 내게 무덤이고, / 온 세상이 / 쓰라리다. / (…) / 내 가엾은 감각은 / 산산조각 났다." 발저 시의 자아도 눈앞의 나무들 때문에 더는 숲을 보지 못한 채, 길을 잃고 혼란스러워하는 상태에 처해 있다. 그러나 그의 말에는 근본적으로 자신을 잃은 것을 아는 사람의 공포가 없다. 대신 숲의 모든 요소를 차별 없이 갈망케 하는 숲의 즐거움에 대한 묘사만 가득하다. "여기 숲속의 돌

하나하나, 줄기 하나하나는 / 더없이 사랑스럽다. / 두 번 다시 너에게로 가지 않으리, / 다른 세계의 사랑스러운 것들이여." 시적 화자는 자신이 한때 사랑했던 모든 것을 포기할 뿐 아니라 "온 세상"과 "황홀하게" 작별을 고하고, 낭만주의 이후 숲을 "이성의 타자"로 열광적으로 환호한 대가를 아무 불평 없이 치른다.

발저의 텍스트는 "초록빛 수수께끼"나 "전능한 지배력의 초록", 비밀에 찬 숲, "작은 새", 떡갈나무 숲, 전나무 숲, 불가사의한 마법의 숲, 산불, 또는 "활기 없고 죽고 짓눌린" 바위의 숲에 대해 이야기한다. 그의 글은 고트프리트 켈러가 묘사한 스위스 숲이나 아달베르트 슈티프터Adalbert Stifter 풍의 산림 우거진 고향에서 길어 올린 것들이다(예를 들어 「하이덴슈타인」). 이 글들은 숲의 미학을 강조한다. 또한 1903년의 초기 단편에서는 숲이 오직 거리를 두고 관찰하는 화가에 의해서만 묘사될 수 있다고 말한다. 반면에 숲에 들어가 어둠의 얼굴을 정면으로 보는 예술가는 아무것도 보지 못할 거라고 말한다. 1931~32년경에 쓴 마지막 시 「숲에서」에 이르러서야 내부와 외부의 대립이 적어도 외적으로는 극복된 것처럼 보인다. "크게 착각하는 것이 아니라면, / 여기저기 숲을 거닐 때면 나는 / 마치 온통 햇빛으로 칠해놓은 / 방 안에 있는 느낌이 든다."

발저의 숲은 거의 항상 가상의 상태를 유지한다. 무대 공간으로서의 숲을 보여줄 때도 드물지 않다. 예를 들어 「산불」(1907)에서는 불이 망원경으로 확인할 수 있을 만큼 가까이 다가오고, 이야기 일부가 재앙의 카타르시스 효과를 불러일으킨다. 숲의 축제를 이야기하는 두 작품(1919년과 1928~29년경)에서는 그때그때 묘사된 장면이 가상과 현실의 유희가 지배하는 밀랍인형 전시장이나 세계 극장처럼 보인다. 이 책에 수록된 작품의 3분의 1이 "숲", "숲에서", "숲속"같이 큰 변화가 없는 일률적인 제목을 달고 있다. 시리즈 같은 느낌의 숲속 방랑도 이런 일률성과 일치한다. 숲속에서 밤하늘과 달을 그리움 가득한 시선으로 바라보다가 홀연히 객잔에 드는 것으로 끝나버리는 것이다. "별들이 벌써 모습을 드러냈다. 마침 길가에 객잔이 있었고, 나는 안으로 들어갔다." 1914년에 쓴 「산책 1」에 나오는 대목이다.

이런 식으로 숲의 신비성을 박탈한 것은 분명 점점 더 숲에 울타리를 치고 숲을 관광 목적으로 이용하는 세속적 경향 때문이다. 빈의 문필가 알프레트 폴가르 Alfred Polgar는 1929년에 이미 노루를, "벤치와 표지판, 쓰레기통이 곳곳에 설치된, 간단히 말해 문명의 입김이 부는" 숲에 사는 신비한 "동화 속 동물"로 표현했다. 발저의 "훼손된 전원"은 직접적인 풍자보다는 언어유희에서 잘 드러난다. 1912년에 쓴 산문 「숲」에서는 루트비히 티크의 동화 『루넨베르크 Der Runenberg』(1802)에 나오는 숲속 여왕의 에로틱한 모습이 시대에 맞게 원시림의 유혹으로 바뀐다. 즉 "전나무처럼 늘씬"하고 "크고 아름답고 낯선 야생의" 숲속 여인이라는 표현을 통해서 말이다. 티크의 작품에서는 헤아릴 길 없이 무한한 황금과 돌의 세계를 지배하는 숲의 여왕이 길 잃은 청년 크리스티안을 대리석처럼 매끄러운 몸으로 이성을 잃게 만드는 반면에 발저의 작품에는 다음과 같은 대목이 나온다. "여인이 다리를 가리고 있던 치마를 걷자, 숲의 어둠 속으로 천상의 미처럼 아름답고, 하얀 상아처럼 미끈한 다리가 반짝거리며 드러났다."

시적인 숲과 "즐거움의 작은 숲"

발저의 숲은 그 문학적 기원을 부정하지 않는다. 그가 글로 쓴 숲은 그가 읽은 책에서 비롯되었다는 말이다. 이 책들은 그의 시와 산문을 이해하는 데 실마리를 제공할 뿐 아니라 그의 글들과 명백한 내적 관련성을 맺는다. 물론 그렇다고 그의 숲이 오직 그의 독서로만 이루어진 것은 아니다. 제란트와 베르너 오버란트 지역을 열정적으로 돌아다닌 도보 여행자의 산책과 방랑도 그 글들에 큰 영향을 끼쳤다. 이 지역은 발저의 거주지에 속했다. 그는 화가였던 형 카를 발저를 따라 베를린으로 갔지만, 1913년에 대도시를 등지고 자신이 태어난 도시 빌-비엔에 정착했다가 1921년에 베른으로 옮겼다.

그의 시는 때때로 버림받은 이의 비가처럼 읽힌다. 1930년에 쓴 시 「숲에서」는 이렇게 시작한다. "문 옆의 격자 울타리처럼 / 전나무가 높이 솟아 있다." 당시 발저는 일 년 전부터 "발다우" 정신병원에 입원해 있었다. 이런 점을 감안하면 이 시는 서사적이거나 서정적인 숲에서의 "실제 체험"으로 볼 수 없다. 오히려 특정 문학적 본보기를 충실히 따르고 있다고 할 수 있다. 그러니까 이 시는 고대 이후 수사학과 시학의 역사에서 엄격한 형식적 질서나 계획 없이 숲의 개념(라틴어

'silvae')을 갖가지 방식으로 활용한 "야성적인" 장르 전통과 친숙하다. 총림과 덤불, 미로 공원의 결합은 이 개념의 형성에 크게 기여했고, 숲의 에로티시즘이 새롭게 인기를 얻은 1900년경의 로코코 유행에도 일조했다. 부르노 카시러 출판사에서 간행한 잡지 《청춘Jugend》은 1906년 한 호 전체를 할애해 그 자유분방한 에로틱의 시기에 대해 이야기했고, 발저가 1898년에 만난 프란츠 블라이Franz Blei는 1907년 『쾌락의 숲. 독일 바로크 시대의 에로틱 시문학Das Lustwäldchen. Galante Gedichte aus der deutschen Barockzeit』을 출간하기도 했다. 이 책에는 크리스티안 프리드리히 후놀트Christian Friedrich Hunold의 「품Die Schooß」과 같은 제목의 시들이 실려 있었다. "내 땅에 있는 사랑의 안식처, / 그 안의 숲, 무척이나 아름다운 담비가 뛰어다니는, / 여기서 최고의 사냥개는 남자들이다."

1904년 발저가 형 카를의 삽화를 넣은 『숲』을 출간

했을 때 블라이의 책을 아직 알지 못했다. 그러나 소재는 쉽게 떠올랐다. 이것을 잘 보여주는 것이 "소년과 여가수"다. 여기서 소년은 숲에 대해 이렇게 말한다. "나는 숲속 깊숙이 들어가고 싶고, 숲을 갖고 싶고, 숲이 있는 그대로의 나를 가졌으면 좋겠는데. 하지만 숲은 나를 밀쳐내요. 나도 그걸 알아요. 그래서 더는 숲속으로 들어갈 수 없어요. 너무 무서워요." 발저가 쓴 나중의 "숲" 텍스트들에서도 그와 비슷한 오이디푸스 콤플렉스의 기본 구조가 이따금 발견된다. 반면에 "소년과 여가수"에 깔려 있는 화가 정서는 1910년 이후의 작업에서는 더욱 강조된다.

초록, "색은 언어다"

산문 「초록」은 1911년 8월 베를린의 브루노 카시러 출판사에서 출간한 잡지 《예술과 예술가 Kunst und Künstler》에 처음 발표되었다. 이 글에서는 생명과 식물을 떠올릴 때 잘 연상되지 않는 의미가 숲의 색조에 부여된다. "세상 어떤 색도 초록만큼 이 행성에 홀로 버려진 것 같은 외로움을 표현해주지 못한다"거나 "사실 초록에도 광기 같은 것이 있다"는 표현들이 그렇다. 그 몇 년 전 베른의 화가 페르디난트 호들러는 스위스 호숫가 고산지대의 〈행성 풍경〉에서 초록색과 파란색을 추상의 경지로 끌어올렸다. 이 화가에 대한 시인의 존경심은 1925년 《프라거 프레세Prager Presse》지에 발표한 호들러의 〈너도밤나무 숲〉(1885)에 대한 그의 글에도 잘 나타나 있는데, 여기서 발저는 호들러의 색감을 예술적 표현의 진수로 극찬한다. 그런데 산문 「초록」에서 화자는 초록색에서 무엇보다 타락과 몰락을 본다. "나는 겨울이면 나를 두려워하지 않고, 가을이면 나 자신에 대해 정말 행복한 믿음이 생긴다. 그러나 초록 계절이 찾아오면, 맙소사, 그냥 아무 술집이나 들어가 마시고 또 마신다. 초록은 죽음이다."

색에 대한 이런 생각은 제1차 세계대전 이전과 전쟁 중에도 발저의 창작 작업에 토대를 이룬다. 심지어 그의 작품들은 거기서 더 나아가 도펠갱어, 즉 "자기 자신을 바라보는"(장 파울) 사람의 모티브를 일깨우고, "질풍노도" 시인의 포제젠산 방랑을 다룬 게오르크 뷔히너Georg Büchner의 소설 『렌츠Lenz』(1839년)에 지향점을 맞춘다. 이제는 풍경 묘사가 작품의 중심에 선다. 뷔히너의 소설에서 주인공의 정신착란과 고독을 반영하는 역할을 하는 풍경 묘사. 그렇다면 발저의 「야간 산행」과 「풍경」(둘 다 1914년 3월), 「산책 1」(1914년 5월)은 작가의 가장 유명한 작품 중 하나로 꼽히는 『산책』(1917)의 준비 작업으로 볼 수 있다. 이 작품에서는 화자의 자아와 한 섬뜩한 노인과의 만남이 묘사된다. 「풍경 1」에서도 비슷한 대목이 발견된다. "다른 누군가 나무 사이를 걷고 있었다. 우수에 찬 이 검은 어둠 속을. 복면을 쓴 모습이 검은 풍경보다 더 검었다. 누구일까?

뭘 하려는 것일까?" 발저의 텍스트는 소설 『렌츠』의 언어적 특성과 닮았고, 이 소설의 첫 대목을 모방하고 변형한다. 예를 들면 "모든 것이 온통 잿빛이었다"라거나 「야간 산행」에서 "모든 것이 고요했다"라는 문장처럼 말이다. 무엇보다 발저는 풍경의 형태를 색채로 환원시키는 뷔히너의 서술 기법을 받아들인다. 그것은 "얼음처럼 차갑고 선명한 은녹색"이나 "불꽃 같고 달콤한 붉은색" 같은 표현들에서 알 수 있다. 그전에 혹평을 받았던 "초록색"도 화자의 말 속에서 "멋진 저녁의 언어"로 등장한다. "색은 언어와 같"기 때문이다.

무척 작은 글씨로 쓴 초미세 연필 원고 묶음에 수록되어 있고, 1925년 7~8월에 쓴 것으로 추정되는 후기 장편소설 『도둑Der Räuber』에서는 숲의 초록이 강령적으로 제시된다. 여기서 작가는 "숲의 옷"으로서 "어떤 새롭고 전례 없는 색"을 제안할 수 있을지 숙고한다. 이 구절은 "붉은 꽃이 피고 진홍색의 물결이 넘쳐흐르는 전쟁터"라는 표현 뒤에 나오는데, 그 뒤 또 다른 폭력의 서술이 이어진다. 숲의 서술에 담긴 이 피비린내는 당시 시대상과 연결해서 읽을 수 있다. 1924년 8월 31일 힌덴부르크Hindenburg가 참석한 가운데 동프로이센 땅에 이른바 타넨베르크 기념관의 기공식이 열리고, 그로써 제1차 세계대전 전사자들에 대한 지극히 독선적인 기억의 준비가 끝난다. 이 기념행사 전에는 독일의 어떤 숲이 전사한 군인들의 기념비를 세우기에 가장 적합한지를 두고 수많은 토론과 제안이 있었다. 결국 국가적 추모 장소로 타넨베르크가 낙점되었는데, 거기엔 두 가지 이유가 있었다. 타넨베르크 숲은 한편으론 독일 제국이 1914년 동부 전선에서 러시아군에 승리를 거둔 전장이었고, 다른 한편으론 500년 전 독일 기사단이 그륀펠데(폴란드어로 그룬발트)에서 폴란드-리투아니아군에 당한 참패에 대한 뒤늦은 "설욕"의 상징으로 미화된 것이다. 이 예는 발저의 숲 텍스트들이 독일 숲의 점진적인 이데올로기화와 국유화에 대한 저항적 반응으로도 읽힐 수 있음을 보여준다.

숲과 폭력

발저의 숲에 관해 시들은 대부분 생전에는 출간되지 않았다. 발저가 숲을 독일 민족의 집단적 상징이자 억압의 징조로 여겼다는 것은 1924년부터 1932년 사이에 쓴 산문에 두드러지게 나타난다. 그 산문들 중에서도 특히 눈에 띄는 것은 「디아즈의 숲Der Wald von Diaz」이다. 프랑스 화가 나르시스 비르질 디아즈 드 라 페냐Narcisse Virgile Diaz de la Peña(1808~1876)의 어느 숲 그림에 나오는 장면을 텍스트로 풀이한 산문이다. 디아즈의 그림 속 숲에서는 권위적 양육의 원칙에 따라 사랑의 박탈과 벌을 통해 자립으로 이끌려는 엄마가 아이와 나누는 가상의 대화가 재현된다. "이젠 진짜 너하고 솔직하게 얘기해야겠다. 그렇지 않으면 너는 평생 엄마한테만 의

존하는 바보가 될 거야. (…) 내가 여기 디아즈가 그린 숲에 너와 함께 서 있는 것처럼 너도 네 밥벌이를 하러 가야 해. 그래야 엄마 속이 썩지 않아." 엄마의 말이 끝나자 아이만 몸을 떠는 것이 아니라 "디아즈 숲의 나뭇잎도 파르르" 떤다. 그림을 소재로 한 발저의 연출은 아이가 이제 "하나의 세계이기도 한 이 숲"이 "마음에 들도록" 먼저 자신에게서 모든 "자만심"을 몰아내야 한다는 익명의 도덕적 교훈으로 끝난다. 화자의 정체를 알 수 없는 이 우화 같은 텍스트는 숲과 심지어 "바닥에 떨어진 나뭇잎"까지 증인으로 소환한다. 이로써 내적 황폐화와 외적 문명은 더 이상 구분되지 않는다. 이 글은 질서라는 이름으로 인간성을 말살하는 언어폭력을 다루고 있다.

「산책 2」(1931~32년경)도 당시의 숲 민족주의적 선동을 배경으로 읽을 수 있다. 이 텍스트는 아달베르트 폰 샤미소 Adelbert von Chamisso의 동화 『페터 슐레밀의 기이

한 이야기Peter Schlemihls wundersame Geschichte』(1813)를 떠올리게 한다. 부지불식중에 자신의 그림자를 악마에게 팔지만, 영혼만큼은 어떻게든 지키려고 발버둥 치는 한 남자의 이야기다. 주인공 페터는 결국 악마의 유혹을 이겨내고 한 걸음에 7마일을 가는 "7마일 구두"를 신고 세상 곳곳을 돌아다닌다. 반면에 발저의 산책자는 어느 숲에서 힘든 여정을 시작하면서 상상의 나래를 펼친다. 헝가리에서부터 인도, 그린란드, 미국, 호주에 이르는 많은 나라와 대륙을 지나가고, "키르기스스탄 대초원"을 가로지르고, 아르헨티나의 산을 오르고, 또 주머니에 "노르웨이 사실주의 소설" 한 권을 넣고 "러시아의 광활함"을 떠올리면서 이탈리아를 꿈꾼다. 중간쯤에 마침내 현실과 대면한다. "전형적인 게르만족의 얼굴에 깃털로 장식한 모자를 썼고, 냉철하고 꼼꼼하게 숙고하면서도 가정적인 생활 방식을 유지하는 독일을 연상시키는" 사냥꾼이 자신을 향해 유쾌하게 걸어온 것이다. 화자가 견뎌낸 힘든 방랑길은 "스페인 사람처럼 생긴 처자가 문 앞에 서 있는 것"이 꼭 객잔처럼 보이는 어느 집에서 끝난다. 이 문장은 내용 면에서 퍽 당혹스럽다. 스페인 사람처럼 생긴 처자가 문 앞에 서 있는 것을 보고 어떻게 그게 객잔임을 알 수 있을까? 그러나 이 텍스트가 탄생한 시대 배경을 이해하면 그 의미가 보인다. 1931년 4월 중순, 민주주의가 위기에 처한 유럽에서 정치적 희망으로 여겨지는, "라니냐 보니타"(아름다운 아가씨)라는 이름의 스페인 제2공화국이 수립된 것이다.

엮은이

자비네 아이켄로트 Sabine Eickenrodt

에르하르트 쉬츠 Erhart Schütz

이 책의 글은 연대순으로 수록했다. 미공개 원고 및 초미세 연필 원고의 집필 시점은 베른하르트 에히테와 베르너 모를랑이 엮은 6권의 『연필 지대에서Aus dem Bleistiftgebiet』(줄여서 AdB)와 요헨 그레벤이 엮은 『단행본 형태의 전집Sämtliche Werke in Einzelausgaben』(줄여서 SW)에 기재된 것을 따랐다. 생전에 출간된 글들의 초판 시점은 바르바라 폰 라이프니츠와 볼프람 그로데크가 엮은 『비판적 발저 전집 Kritische Walser Ausgabe』(줄여서 KWA. 2008년 이후, 바젤/프랑크푸르트)을 참조했다. 삭제된 부분이나 불확실하거나 대안적인 판독은 따로 표기하지 않았다.

■ 도판 출처

도판 1, 4, 6은 『카를과 로베르트 발저 형제. 화가와 시인Die Brüder Karl und Robert Walser. Maler und Dichter』(1990)에도 수록되어 있다.

흔쾌히 인쇄용 원본을 내주신 베른하르트 에히테와 친절히 정보를 제공해주신 스위스 빌 신박물관의 베르나데테 발터 박사께 감사드린다.

- 11쪽—카를 발저, 〈풍경〉(1897), 수채화, 47.5×36.5cm, 개인 소장.
- 13쪽—카를 발저, 〈숲〉(1902~03년경), 『프리츠 코허의 에세이Fritz Kochers Aufsätze』(1904)에 수록됨. 베른 로베르트 발저 아카이브, 소장 번호 RWZ WB 1.5/SaSch.
- 52쪽—페르디난트 호들러, 〈투너제 호수를 품은 니젠 산〉(1910), 유화, 캔버스에 채색, 105.5×83cm, 슈미트하이니 컬렉션, 사진 SIK-ISEA, 취리히.
- 68쪽—카를 발저, 〈숲〉(1902~03년경), 유화, 목재 패널에 채색, 72×43cm, 빌 신박물관(NMB).
- 108쪽—페르디난트 호들러, 〈너도밤나무 숲〉(1885), 유화, 캔버스에 채색, 102×131cm, 스위스 졸로투른 미술관, 루돌프 슈미트 박사를 기리며 에리카 페터스 여사가 기증, 사진 SIK-ISEA, 취리히.
- 134쪽—카를 발저, 〈바이센슈타인 산에서 바라본 알프스 전망〉(1899), 유화, 보드 위에 채색, 30×36.5cm, 개인 소장.
- 147쪽—카를 발저, 〈속표지 목판화〉(1905), 『연구Studien』(1905) 제2권에 수록됨.

■ 텍스트 출처

이 책에 실린 글의 출처는 다음과 같다.

- 『단행본 형태의 전집』, 로베르트 발저, 주어캄프출판사(1985~86) 총 20권. (주어캄프 문고본 1101~1120)[=SW].
- 『연필 지대에서』, 로베르트 발저, 주어캄프출판사(1985~2000) 총 6권. 취리히 카를 젤리히 재단 산하 로베르트 발저 아카이브의 위탁으로 베른하르트 에히테와 베르너 모를랑이 해독하고 엮음[=AdB].
- 『불꽃. 미공개 산문과 시들 Feuer. Unbekannte Prosa und Gedichte』, 로베르트 발저, 베른하르트 에히테 엮음, 주어캄프출판사(2003)[=불꽃].

■ 수록 작품별 출처

- 「숲 1」—(SW 13, p.43f.): 미공개 원고(1900년경).
- 「숲에서」—(SW 13, p.45f.): 미공개 원고(1900년경).
- 「숲」—(SW 1, pp.91~107): 스위스 일간지 《분트》 일요판 제34호, 1903년 8월 23일 자.
- 「산불」—(SW 2, pp.35~38): 문예지 《다스 블라우부흐Das Blausbuch》, 제2년 차 간행, 제28호, 1907년 7월 11일.
- 「초록」—(SW 15, pp.114~116): 《예술과 예술가Kunst und Künstler》, 제9년 차 간행, 제11호, 1911년 8월 1일.
- 「숲」—(SW 3, pp.140~142): 독일 월간지 《디 라인란데Die Rheinlande》, 제12년 차 간행, 제11호, 1912년 11월.
- 「전나무 가지, 손수건, 그리고 작은 모자」—(SW 4, p.135f.): 《3월März》, 제8년 차 간행, 제1권, 제4호, 1914년 1월 24일.
- 「작은 설경」—(SW 4, p.90f.): 《포시셰 차이퉁》, 제89호, 석간, 1914년 2월 18일.
- 「야간 산행」—(SW 4, p.81f.): 《디 노이에 룬트샤우Die neue Rundschau》, 제25년 차 간행, 제1권, 제3호, 1914년 3월.
- 「풍경 1」—(SW 4, p.82f.): 《디 노이에 룬트샤우》, 제25년 차 간행, 제1권, 제3호, 1914년 3월.
- 「산책 1」—(SW 4, pp.131~134): 《데어 노이에 메르쿠어Der Neue Merkur》, 제1년 차 간행, 제2호, 1914년 5월.
- 「하이덴슈타인」—(SW 4, p.148f.): 《디 라인란데》, 제14년 차 간행, 제6호, 1914년 6월.
- 「숲 산」—(SW 4, pp.149~151): 《디 라인란데》, 제14년 차 간행, 제6호, 1914년 6월.
- 「일요일 아침」—(SW 4, p.119f.): 『작은 시문집Kleine Dichtungen』, 쿠르트 볼프출판사(1914).

- 「숲에서」―(SW 16, p.13f.):《분트》일요판, 제17호, 1915년 5월 2일.
- 「숲의 축제 1」―(SW 16, pp.59~61):《노이에 취리허 차이퉁》, 제140년차 간행, 제1199호, 제6면, 1919년 8월 10일.
- 「디아즈의 숲」―(AdB 1, p.295f.): 초미세 연필 원고(줄여서 Mkg). 2551(IV), 1924~25년.
- 「여기 작은 숲에서」―(AdB 2, p.311): Mkg. 2671(II), 1924~25년.
- 「전나무 한 그루 엄숙하게 서 있네」―(AdB 2, p.360): Mkg. 4841(XII), 1925년 1~3월.
- 「숲속은」―(AdB 2, p.386): Mkg. 5141(V), 1925년 8~10월.
- 「피조물」―(SW 13, p.245f.): 일간지《프라거 타크블라트》, 제50년차 간행, 제231호, 1925년 10월 4일 자 문예란.
- 「호들러의 너도밤나무 숲」―(SW 17, pp.187~189):《프라거 프레세》, 제5년차 간행, 제341호, 제3판, 조간, 1925년 12월 13일 자,《시와 세계Dichtung und Weklt》, 제50호.
- 「이제 나무들을」―(AdB 4, p.266f.): Mkg. 3581(II), 1926년 5~6월.
- 「숲가의 객잔」―(SW 19, pp.55~58): Mkg. 147(I)(AdB에는 미수록). 미공개 원고(1926~27년경).
- 「사랑 같은 무언가가 숲을 가로질러 희미하게 빛난다」―(AdB 6, p.420), Mkg. 291r(I), 1927년 6월.
- 「풍경을 바라보는 것은」―(AdB 5, p.83): Mkg. 217(I), 1927년경.
- 「숲 2」―(SW 13, p.96):《프라거 프레세》, 제8년차 간행, 제195호, 제3판, 1928년 7월 15일 자,《시와 세계》, 제29호.
- 「숲에서 책을 읽다」―(SW 20, p.342f.): Mkg. 1097(I); (AdB 6, p.763), 1928년경.
- 「숲의 축제 2」―(SW 19, p.58f.): 미공개 원고(1928~29년경).
- 「숲에서」―(SW 13, p.108): 미공개 원고(1930년경).
- 「산책 2」―(SW 20, pp.83~85): 미공개 원고(1931~32년경).
- 「숲」―(Feuer, p.94f.):《베를리너 타게블라트》, 제62년차 간행, 제310호, 석간, 1933년 7월 5일 자. 첨부된 시는 정서체로「홀로 서 있는 이들」이라

는 제목으로 전해지는데, 그레벤은 1930년으로 쓴 것으로 추정한다(SW 13, p.237).

- 「숲에서」—(SW 13, p.121): Mkg. 31(III), 미공개 원고(1930~33년경).

■ 참고 문헌

- Benjamin, Walter: Robert Walser. In: Gesammelte Schriften. Unter Mitwirkung von Theodor W. Adorno und Gershom Scholem hg. von Rolf Tiedemann und Hermann Schweppenhäuser. II.1권(Rolf Tiedemann und Hermann Schweppenhäuser 엮음). Frankfurt/M. 1980, pp.324~328.

- Blei, Franz(엮음): Das Lustwäldchen. Galante Gedichte aus der deutschen Barockzeit. Gesammelt und hg. von Franz Blei. Siebente Auflage. München 1908.

- Bonn, Klaus: Waldschneisen. Zu Robert Walser, W.G. Sebald und Gustave Flaubert. In: Ders.(엮음): Replika. Lektüren verbaler Halluzination(Aisthesis Essay, 25권). Bielefeld 2006, pp.149~160.

- Echte, Bernhard/Meier, Andreas(엮음): Die Brüder Karl und Robert Walser. Maler und Dichter. Stäfa 1990.

- Goethe, Johann Wolfgang: Sämtliche Werke nach Epochen seines Schaffens. Münchner Ausgabe. Hg. von Karl Richter in Zusammenarbeit mit Herbert G. Göpfert, Norbert Miller und Gerhard Sauder. 6.1권 (Weimarer Klassik, 1798~1806). München, Wien 1986.

- Groddeck, Wolfram: Vom Walde. Robert Walser im Spiegel von Texten Gottfried Kellers. In: Ursula Amrein/Wolfram Groddeck/Karl Wagner(엮음): Tradition als Provokation. Gottfried Keller und Robert Walser. Zürich 2012, pp.71~82.

- Gronau, Peter: "Ich schreibe hier dekorativ." Essays zu Robert Walser. Würzburg 2006(특히 2.2장—Tannhäuser im Tannenwald. Robert Walsers Sprachinnenräume, pp.26~35).

- Jäger, Christian: Wachträume unterm Strich. Zum Verhältnis von Feuilleton und Denkbild. In: Kai Kauffmann/Erhard Schütz(엮음): Die lange Geschichte der Kleinen Form. Beiträge zur Feuilletonforschung. Berlin 2000, pp.229~242.

- Jean Paul: Werke. Norbert Miller(엮음). 2권 제4수정판. München 1987.

- Müller, Andreas Georg: Mit Fritz Kocher in der Schule der Moderne. Studien zu Robert Walsers Frühwerk(Basler Studien zur deutschen Sprache und Literatur, 88권). Tübingen/Basel 2007(특히 5장—『Der Wald』 als Wald und 「Wald」, pp.143~170).

- Müller, Dominik: "In Prag gab es doch Aufregenderes zu lesen als Walsereien". Zur Publikation von Robert Walsers Feuilletontext Hodlers Buchenwald in der Prager Presse. In: Norbert Christian Wolf/Rosemarie Zeller(엮음): Musil-Forum, 32권. Berlin/Boston 2013, pp.162~179.

- Schütz, Erhard: "… in den Wäldern selig verschollen". Waldgänger in der deutschen Literatur seit der Romantik. In: Pressburger Akzente. Vorträge zur Kultur-und Mediengeschichte an der UK Bratislava, Nr. 3(Sabine Eickenrodt und Jozef Tancer 엮음). Bremen 2013.

- Stiemer, Hendrik: Fritz Kocher's Aufsätze(1904). In: Lucas Marco Gisi (엮음): Robert Walser Handbuch. Leben-Werk-Wirkung. Stuttgart 2015, pp.90~94.

- Tismar, Jens: Gestörte Idyllen. Eine Studie zur Problematik der idyllischen Wunschvorstellungen am Beispiel von Jean Paul, Adalbert Stifter, Robert Walser und Thomas Bernhard. München 1973.

- Utz, Peter: Ausklang und Anklang-Robert Walsers literarische Annäherungen an Gottfried Keller. Rede zum Herbstbott 2011. Siebzigster Jahresbericht. 고트프리트 켈러 학회 엮음. Zürich 2002, pp.3~29.

- Utz, Peter: Kultivierung der Katastrophe. Literarische Untergangsszenarien aus der Schweiz. München 2013(특히 193쪽 이하: Robert Walsers zügelnde Flammenschauspiele).

- Wernli, Martina: Schreiben am Rand. Die "Bernische kantonale Irrenanstalt Waldau" und ihre Narrative(1895~1936). Bielefeld 2014.

- Ziemann, Benjamin: Wald-Gewalt. Wald und Krieg. In: Unter Bäumen. Die Deutschen und der Wald. Ursula Breymayer und Bernd Ulrich(엮음) für das Deutsche Historische Museum. Dresden 2011, pp.223~229.

전나무, 손수건, 그리고 작은 모자가 있는 숲

초판 1쇄 인쇄 2025년 7월 10일
초판 1쇄 발행 2025년 7월 18일

지은이 로베르트 발저
엮은이 자비네 아이켄로트, 에르하르트 쉬츠
옮긴이 박종대

주간 김종숙
책임편집 김혜원
편집 김은혜 정소영
디자인 강희철

기획실 정진우 정재우
마케팅 홍보 고다희
디지털콘텐츠 구지영
제작 관리 윤준수 고은정 김선애

펴낸곳 도서출판 열림원
펴낸이 정중모
출판등록 1980년 5월 19일(제406-2000-000204호)
주소 경기도 파주시 회동길 152
전화 031-955-0700
팩스 031-955-0661
홈페이지 www.yolimwon.com
이메일 editor@yolimwon.com

페이스북 /yolimwon
트위터 @yolimwon
인스타그램 @yolimwon

ISBN 979-11-7040-345-6 04800
ISBN 979-11-7040-275-6 (세트)

* 저자와 출판사의 서면 허락 없이 내용의 일부를 무단 도용하거나 발췌하는 것을 금합니다.
* 책값은 뒤표지에 있습니다. 잘못된 책은 구입하신 곳에서 교환해드립니다.